숙박일지

입실 안내

　　손님을 기다리며 방란장에 앉아 이 글을 쓴다. 손님은 4시에서 5시 사이에 입실 예정이라고 문자를 보내왔으나, 5시가 넘도록 소식이 없다. 기다림은 민박집 주인의 주된 업무 중 하나다. 숙박 예약 문자를 기다리고, 숙박요금 입금을 기다리고, 오늘 숙박 손님의 입실을 기다리고, 누룽지가 너무 불지 않도록 불 조절 하며 조식 손님을 기다리고, 퇴실 시간을 훌쩍 넘기고도 손님이 방에서 나오지 않을 땐, 어서 방문이 열리길 기다린다.

　　보통, 손님이 예고한 입실 시간보다 30분 일찍 방란장에 나와 손님 맞을 준비를 한다. 조명을 하나 둘 밝히고, 책장에 들쭉날쭉한 책들을 가지런히 열 맞추고, 손님들이 사용할 컵과 접시를 세팅하고, 밤 10시까지 이 공간에 흐를 음악을 고른다. 선곡 기준은 숨소리와 속삭임과 무언가 씹고 삼키는 소리 사이에 적당한 칸막이 역할을 하되, 독서엔 방해되지 않을 만한 잔잔함이다. 그날의 날씨와 내 기분이 선곡의 키워드가 되던 때도 있었지만, 점점 이 공간에서 들쭉날쭉한 내 마음의 기척을 지워나간다. 몽도는 나의 집이기도 하지만, 손님이 들고 나는 엄연한 영업장이니까.

몽도는 숙박채와 그 부속건물인 별채, 두 동으로 구성되어 있다. 숙박채엔 주인 방이 한 칸, 손님방이 세 칸, 손님용 화장실이 두 칸 있다. 주인 방과 손님방 사이엔 책장으로 담을 쌓고 얇은 가림천으로 경계선을 그었을 뿐. 하나의 출입구로 들어와 한 지붕 아래 방 한 칸씩 머물다 보니, 문 여닫는 소리며 화장실 물 내리는 소리 같은 자잘한 생활소음의 공유는 어쩔 수 없는 부분이다. 밖에 큰 바람이 불거나 움직임이 유독 활달한 손님이 드나들 때면, 나이 든 몸의 관절이 그러듯 오래된 집 특유의 앓는 소리가 더해지기도 한다. 인기척에 '집기척'까지 한 술 얹은 셈. 음소거가 영 불가능한 집이건만, 주인도 손님도 서로의 기척을 신경 쓰다 보니 결과적으론 꽤 고요한 집이 되었다.

작은 중정을 두고 숙박채와 마주한 별채는 우리 부부의 서재이자 거실이며 다이닝룸을 겸하는 공간이지만, 숙박 손님들에게도 같은 용도로 제공하고 있다. 단, 이용 시간과 이용 범위가 정해져 있고, 별채에 딸려있는 주방과 옥외 화장실처럼 미공개 구역도 있다. 그러니까 이 집에서 'Host Only'가 붙어있는 주인장 전용 공간은 숙박채 주인 방과 별채 주방, 옥외 화장실뿐이다.

집도 절도 없던 도시 빈민이 별안간 고래 등 같은 기와집 두 채를 소유하게 되었다며 허세와 너스레를 떨고 다닌 게 3

년 전 여름이다. 하지만 현실은 단칸방 신세. 생활의 불편이 툭툭 불거질 때마다, '나는 민박집에 딸린 방 한 칸에 살고 있구나' 자조하다가도, 서울에서라면 제집 마련은 엄두도 못 낼 미약한 자본으로 자가주택을 장만하고 그 집을 토대로 생계까지 도모할 수 있다니, '이만하면 알차다!'고 주억거린다.

종종 허름해지고 왕왕 감탄하는 가운데, 남해에서 네 번째 여름을 지나고 있다. 지난 3년은 '이주'와 '숙박업'이라는 자극으로, 생활과 마음에 격동이 꽤나 큰 시기였다. 태어나 줄곧 살아온 곳을 떠나 새로운 곳에 삶의 터전을 마련했다는 점에서 '귀촌'보다 '이주'란 단어가 적합하다고 본다. '귀촌'이란 단어의 '촌'을 향한 또렷한 지향성이 부담스럽기도 한 까닭. 귀촌과 촌살이에 대한 신념이라든가 판타지 같은 것은 없었다. 꽃과 나무를 좋아하고 아름다운 풍광에 즉각 반응하지만, 자연에 기대고픈 욕구는 이따금 떠나는 여행으로도 갈음됐다. 숨 막히는 구석은 있지만, 대도시의 반짝반짝한 편리와 문화 인프라를 좋아했다. 다만, 내내 도시 빈민으로 살고 싶지 않다는 의지 하나는, 좋아하는 도시를 떠나도 될 만큼 강했다.

민박집의 일이란 살림의 확장판 같은 것이 아닐까 예상하며 꼼지락꼼지락 집을 꾸미고 간판을 내걸었던 게 2018년 여름의 일이다. 제 집에 손님 방을 들인 소규모 민박은, 넉넉한 자본과 뾰족한 기술 없이도 바로 시작할 수 있는 생계의 방편이었다. 벌이가 영 신통찮으면 시금치 밭에 품이라도 팔자 생각했으나, 너댓 명의 손님으로도 만실이 되는 작은 민박집을 운영하며 팬데믹 와중에도 그럭저럭 먹고 살 만하니 신통방통하다. 먹고만 살 뿐인가. 읽고 싶은 책을 사 읽고, 제철과일을 사 먹고, 마시고 싶은 술을 사 마시는, 포기할 수 없는 생의 사치까지 가능하다. 물론 이러한 안분지족은 아이도 반려동물도 키우지 않는, 제 몸 하나 돌보면 그만인, 아직까진 노화와 질병의 부담이 덜한 성인 두 사람의 삶이기에 가능한 것임을 안다.

몽도엔 두 명의 사장 노동자가 있고, 두 사람 간의 역할 분담은 꽤나 철저하다. 입실 안내, 조식(요리)과 설거지, 예약 응대 및 홍보, 북 큐레이션은 고 사장의 몫이고, 조식(음료 제조)과 서빙, 퇴실 안내, 청소와 빨래, 주택 관리는 현 사장의 몫이다. 부부이자 동업자인 두 사람이 자잘하게 싸우고 화해하고 더 나아지길 궁리한 끝에 조율한 업무 분담은 제 역할에 집중할 수 있다는 장점과 타 부서 일엔 그만큼 무심해진다는 단점을 가진다. 가끔 "네 일 아니라고 말이야!"로 시작되는 새된 소리를 주고받기도 하지만, 집과 일터, 노동과 휴식 간의 경계선이 불분명한 민박집의 일상엔 명확한 선 긋기가 필요하다고 본다. 매주 이틀간의 휴무를 갖는 주 5일제 민박집을 운영하는 것도 그 때문. 민박집에서 '민박'과 선을 긋자 우리의 '집'이 온전히 남았고, 휴무를 향한 기다림은 업이 된 기다림 중에서도 가장 간절한 기다림이 되었다. 손님이 와야 지속가능한 집에서 손님을 기다리는 한편, 손님이 없는 날도 기다리는 모순이란.

팬데믹 이후, 입실 안내의 첫 순서는 체온 체크가 됐다. '체온을 나누다'란 말은 이제 '체온을 확인하다'라는 말로 바뀔 수도 있겠구나 생각하며, 눈빛 보다 먼저 36.4, 36.5, 36.8이라는 몸의 온도로 통성명한다. 안심 온도를 확인한 후 이어지는 본격적인 안내는 몽도에서 이용 가능한 서비스에 대한 것들이다. 방란장 이용은 밤 10시까지라든가, 서가에서 꺼내 읽은 책은 책장에 꽂지 말고 그냥 테이블에 두라든가, 남은 음식물 처리 및 사용 가능한 손님용 컵과 접시에 대한 이야기들. 제공하는 서비스에 대한 안내는 제공하지 않는 서비스에 대한 안내를 포함한다. 인기척과 집기척을 공유하며 한 지붕 아래 머무는 사람들끼리 가져야 할 에티켓에 대한 확인과 당부의 절차인 셈이다.

사실 몽도엔 인기척과 집기척 말고도 빼놓을 수 없는 중요한 기척이 있다. 초여름 개구리, 한여름 매미, 가을 귀뚜라미 같은 대표적인 소리통부터, 소리 없이 나타나지만 압도적인 비주얼로 발견한 이의 비명을 자아내는 다족류까지, 철마다 작은 생명체들이 전하는 결코 작지 않은 계절의 기척이다. 덕분에 절기 변화를 빠르게 감지하게 됐으나, 손님도 세입자도 아닌 이들과의 동거가 유쾌하기만 한 것은 아니다.

허리 잘록한 벌들이 붕붕 대던 여름 한낮. 처마 밑에 이제 막 건축을 시작한 작은 벌집과, 사람을 포획하고도 남을 거대 거미줄을 철거하던 현일수는, 한숨을 몰아쉬며 이렇게 중얼거렸다.

"이 집엔 너무 많은 존재들이 깃들어 살아. 예약도 안 하고 말야."

그때 마침, 나는 현관 입구 웰컴 보드에 예약 손님 이름을 적고 있었는데, 3개의 방 이름 옆에 손님 이름을 적고 그날의 손님 현황을 알리는 멘트, '오늘의 몽도는 한지붕 일곱식구: 5인의 길손과 주인장 부부'를 쓰던 참이었다. 웃음이 풉 터졌지만 일수의 탄식에 깊이 공감하는 바, '한지붕 일곱식구' 옆에 조그맣게 '+α'를 적어 넣었다.

2021년 여름 끝자락

입실 안내

1부 남해살이

12	흙과 삽
14	두족류의 밤
16	와병독서
19	풀 뜯는 소리
21	태풍의 시간, 감자의 시간
23	온 만큼 더 가면
25	고기 맛 고사리
28	봄과의 거리, 45센티미터
31	천리향 유희
35	쑥이라도 뜯겠어요
39	오늘 뜯을 쑥을 내일로 미루지 않습니다
42	새똥이 밉지, 새가 미운 건 아니다
45	개구리는 백화등 향기를 업고 온다
47	김밥말이, 기억풀이
50	마이 페이보릿 여름 1 자귀나무
54	마이 페이보릿 여름 2 생맥주
57	앞으로 앞으로 자꾸 걸어 나가도
61	만리향 유희
65	참회의 코르크 트리
68	분꽃이 필 때까지 놀았습니다
72	걷지 않은 계절은 봉인된 편지 같아서
75	첫 매화
78	꽃 몸살
82	딸기밭이여 영원하라

2부 민박집 생활사

- 88 초속 3미터의 바람
- 90 우리는 폭염 중에 민박집 하나를 열었네
- 93 소주는 입장할 수 없습니다
- 95 삼천포 감성 라이더
- 97 책담
- 100 묵언 목걸이
- 103 여름이불 예찬
- 106 무릎을 껴안을 때
- 110 마스킹 테이프와 손님의 공통점
- 112 달밤, 천변풍경
- 115 여름도, 성수기도 퇴각한다
- 117 돌아온 쌍화보살
- 120 이름을 기억한다는 건
- 123 차고 말간 계절엔 호젓한 문장을
- 127 오래 속삭여도 좋을 자리
- 130 아침엔 누룽지
- 133 물것이 창궐하고 풀이 번창하겠지요
- 136 만남의 장소
- 140 나의 향기 자본
- 143 무해한 마른 풀내
- 146 옥외 화장실 분투기
- 150 여름의 사치
- 154 몽도의 아침
- 158 방 치는 마음
- 162 어쩌다 사장
- 165 네 번째 여름

퇴실 안내

1부 남해살이

흙과 삽

 귀촌인 현일수 씨가 화단 및 텃밭 조성에 열을 올리고 있다. 남해로 귀촌한 지 10개월 차에 접어드는 현 씨가 흙을 만지는 건 올봄이 처음. 작년 여름, 게스트하우스 몽도를 오픈한 이래 매우 역동적이고 자극적인 나날을 보내느라, 정작 귀촌의 주요 로망이었던 나무 심기는 뒷전으로 밀려난 까닭이다.
 담을 넘어온 이웃의 매화 향기를 코 동냥하며, '나는 언제 저런 나무 한그루 심어 보나' 시름 깊던 현 씨에게 비로소 기회가 찾아왔다. 인근 바닷가 마을에 집 짓느라 퍼낸 질 좋은 흙이 쌓여있다는 것. 시골에 널린 게 흙이라지만 내 흙은 한줌도 없다며 평소 흙 가난뱅이 신세를 한탄해온 현 씨는, 집안에 있는 모든 대야와 양동이를 승용차에 싣고 옆 마을을 다람쥐택시처럼 오가기 시작했다. 포클레인과 트럭 한 대만 있다면 단숨에 해결될 일이었지만, 가진 도구라곤 삽 한 자루 뿐.

사흘 내리 풀방구리에 쥐 드나들 듯 흙더미를 찾아와, 승용차로 연신 흙을 퍼 나르는 현 씨를 지켜본 이웃마을 흙 임자는 "그 용기가 가상타"며 시원찮은 도구와 일머리로도 굴하지 않는 현 씨의 우직한 성품을 칭찬했다. 아울러 흙은 얼마든지 퍼 가라는 격려와 함께 부추 서너 뿌리를 캐주며, 텃밭에 심어 보라 권하기도 했다.

삽이 한 자루뿐이라 삽질 노역엔 동원되지 않았으나 어수룩한 시멘트 블록 쌓기와 미장으로 화단 조성에 동참한 아내 고우정 씨는, 꽃놀이 가야 할 시절에 또 이렇게 일벌 신세가 되었다며 씁쓸히 '춘래불사춘春來不似春'을 읊조렸다고.

기진맥진한 남편 현 씨에게 쑥국을 끓여 밥을 차려준 아내 고 씨는, "난 이제 지쳤어요…"라며 쓰러진 현 씨를 침대에 끌어다 눕히고 홀로 맥주 일 잔에 꿀꽈배기를 씹으며, 꿀벌의 노역과 현 씨의 노역을 비교하는 중이다. 꿀꽈배기 한 봉지에 들어가는 아카시아 꿀은 3g. 꿀벌 한 마리가 약 70회에 걸쳐 모은 꿀의 양과 동일하다고. 앞뜰과 뒤뜰에 조성한 화단 및 텃밭에 들어간 흙의 양을 정확히 가늠할 순 없지만, 현일수 씨가 에브라(현 씨의 승용차. 너무 아껴 이름도 붙여준 차였건만, 이젠 그냥 흙 나르는 흙투성이 차)로 약 12회에 걸쳐 퍼 나른 흙이다.

2019년 3월 19일

두족류의 밤

낚시 취미를 가진 앞집 윤석 형님 덕분에 종종 귀한 해산물을 얻어먹는다. 대문 밖에서 몽도야! 몽도야! 우렁우렁 부르는 소리에 달려 나가면, 정말 감성적으로 생긴 감성돔 한 마리를 척 내밀기도 하고, '백어'라 부르는 실 같은 물고기(붕장어 치어) 한 봉지를 쥐어주시기도 한다. 오다 주운 게 아닌 오다 낚은 것을 내밀 때, 형님의 목소리엔 힘이 실려 있다. 어떻게 해먹어야 맛있는지 조리 팁도 자세히 보태주시는데, 이를테면 백어는 쫑쫑 썬 마늘종과 함께 초장에 무쳐 먹으라며 마늘종 한 묶음을 더 갖다 주는 식이다. 오늘 형님의 선물은 호래기. 가위 좀 줘보라 하시더니, 쓱쓱 손질법을 보여주셨다. 배운 대로 호래기의 내장을 뽑아내며, '아기공룡 둘리'의 꼴뚜기 왕자와 백석의 시 '통영'을 생각했다. 과연, 호래기의 정체를 찾아보니 '반원니꼴뚜기'란다. 오랜만에 펼친 백석 시집에서도 호래기가 등장하는 대목을 찾았다. '자다가도 일어나 바다로 가고 싶은 곳'이라 예찬했던 통영 시편에 나온다.

> 전복에 해삼에 도미 가재미의 생선이 좋고
> 파래에 아개미에 호루기의 젓갈이 좋고
>
> - 백석, '통영 2'
>   「나와 나타샤와 흰 당나귀」 수록

저 '호루기'가 '호래기'일 터. 백석도 꼴뚜기를 어지간히 좋아했나 보다. 시집을 넘기다 보니 '꼴뚜기'란 제목의 시도 눈에 띈다. 비 오는 어젯밤엔 갑오징어 때문에 술을 많이 마셨고, 여전히 비 오는 오늘 밤엔 꼴뚜기 덕분에 해장한다. 연이은 두족류의 밤. 해산물은 대체로 은혜롭지만, 나는 문어, 오징어, 낙지, 주꾸미, 꼴뚜기와 같은 두족류 라인을 가장 좋아한다. 회를 입에 대지 않던 시절에도 산 낙지는 꼭꼭 씹어 먹었다.

살짝 데친 호래기를 초장에 찍어 흰밥에 척척 얹어 먹으니, 어제의 과음으로 내상을 입은 간이 되살아나는 느낌. 타우린의 힘인가. 최근에 읽은 「우럭 한 점 우주의 맛」풍으로 감상을 보태자면, 호래기 한 점 남해의 맛, 호래기 두 점 백석의 맛.

2019년 5월 19일

와병독서

오른쪽 발목에 찾아온 격렬한 통증은 겪지 않은 사고의 단어를 빌려 묘사해야만 했다. 칼로 푹 쑤시는 거 같아요, 살이 타 들어가는 거 같아요…. 겪어본 적은 없지만, 상상할 수 있는 가장 높은 수위의 고통에 빗대 말할 수밖에 없었다. 처음 겪는 통증이고, 아프다는 말만으론 부족할 만큼 너무 아팠으므로.

진주 경상대병원까지 가는 한 시간. 차 안에서 '배철수의 음악캠프'를 들으며 통증의 횟수를 헤아렸다. 약 5분에 한번 꼴로 찾아오다가, 삼천포를 지날 때쯤 그 간격이 더 짧아졌다. 발목으로 아이라도 낳을 태세. 칼날 같고 인두 같은 고통의 배차 간격이 더 촘촘해지는 가운데, 겪어본 적 없는 산통을 상상했다. 이마로 낳고 허벅지로 낳고 배꼽으로 낳고 옆구리로 낳고, 신체 구석구석을 통해 신과 영웅을 낳는 그리스와 힌두와 불교의 신들을 떠올리며, 발목으로부터의 탄생설은 없나 검색해봤다. 오랜만에 듣는 '배철수의 음악캠프'는 그 와중에도 재밌었다. 배캠을 들으며 이웃 대도시 진주 시내를 달리니, 서울에 온 거 같았다. 노다웃 보컬 이름을 맞추라는 퀴즈에 비명처럼 "그웬 스테파니!"를 지르고, U2 내한공연 광고에 탄성을 질렀다. 어쩌면 내가 U2를 볼 수도 있을까. 고통의 사이사이, 찰나의 즐거운 상상.

응급실에서 좋았던 것 하나는 입원환자 손목에 채우는 종이 팔찌였다. 록 페스티벌 입장권 같은 종이 팔찌엔 내 이름과 생년월일과 나이가 적혀있었는데, 42란 숫자가 도드라졌다. 비명을 다시 지르기까지 주어진 2~3분여의 고통 공백기에, 기어 들어가는 목소리로 일수에게 자랑했다.

"나 마흔네살 아니고 마흔두살이다. 넌 생일이 지나 만으로도 마흔네살이지? 내가 너보다 이렇게 젊다."

현일수는 이런 바보스런 대화 끝에 늘 붙이는 공염불, 그러니까 오빠라고 불러, 를 생략 했다. 고통에 대한 공감지수가 높은 일수는, 내가 비명을 지를 때 마다 같이 신음했다. 나의 "아아악"에 맞물려 반 발짝 늦게 터지는 일수의 "으으윽". 거울 보듯 마주한 일그러진 남편의 얼굴이 유일하게 기댈 구석이었다.

서서히 진통제가 퍼지는 동안 팔찌를 만지작거리다, 새삼 내 이름의 장점을 발견했다. 고우정이란 이름은 정우성이란 이름의 구조적 미감과 조금 닮아있지 않나? '공우정'이었으면 더 좋았을 것을. 그러면 정우성처럼 'ㅇ'의 조화로운 삼각형이 그

려질 텐데. 이름마저 잘생긴 오빠와 이름만이라도 구조적으로 닮은꼴 팬이 됐을 텐데.

 '가난은 사람을 늙게 한다' 라는 김사인 시인의 시는 '그때 이미 아이는 반은 늙었네' 라는 아픈 문장으로 끝난다. 고통은 사람을 늙게 한다. 아이가 늙으면 청년이 되지만, 중년이 늙으면 노인이 된다. 아이가 청년으로, 중년이 노년으로 점핑하는 것 모두 슬픈 일. 온종일 비명을 질러 심신이 쇠약해진 중년 부부(여 42세, 남 44세)는 노인의 얼굴을 하고 새벽녘, 검은 바다를 건너 남해로 돌아왔다.

 통증의 원인을 밝히지 못한 각종 검사에 실망하며 꺼내 든 「아픔이 길이 되려면」. 알 수 없는 통증으로 잠 못 이루던 새벽에 부랴부랴 주문한 책이다. 늘 장바구니에 담겨있었는데, 매번 다른 책의 유혹에 빠져 구매를 미뤘던 것. 이제 읽을 때가 되었다. 책과도 시절인연이 있다.

2019년 6월 4일

풀 뜯는 소리

 여름날 풀이 자라는 속도는 맹렬하다. 풀벌레 소리만 잠시 끌 수 있다면, 풀 자라는 소리를 들을 수 있을 것도 같다. 끝없이 솟아나고, 가로로 세로로 뻗어나가고, 서로 손잡고 어깨 걸고, 절대 뿌리 뽑히지 않겠어! 악물고 억세지는 소리들. 잠시도 멈추지 않는 풀벌레 소리에 가려져 그렇지, 풀들은 아우성치며 자란다.

 아무 일도 하지 않겠다는 휴일의 결심은 매번 무너진다. 모처럼 읍에 나가 영화라도 한 편 보자던 꿈은 정글 숲이 된 손바닥만 한 꽃밭 앞에 꺾인다. 소중한 꽃나무도 살려야하지만, 무엇보다 풀숲이 되면 습해지고, 습해지면 벌레가 창궐한다. 방 창문을 통해 다리가 많이 달린 벌레라도 들어오면, 도시에서 온 손님들이 매우 놀랄 것이다. 손님뿐 아니라 나도, 아닌 척

하지만 현일수도 크게 놀란다.

    이불 빨래와 청소를 마친 일수는 한시간 반 낮잠을 자고 일어나 옷을 갈아입었다. 부스럭거리는 소리에 "우리, 극장 가나?" 했지만, 긴 팔과 긴 바지의 본격적인 작업복으로 환복 하는 걸 보고 꿍- 돌아누웠다. 장화가 한 켤레라는 이유로 풀뽑기 노동에 동참하지 않았다. 뱀이 나와도 이상하지 않을 정글에 장화 없이 들어갈 수 있나. 야외노동엔 안전장비를 잘 갖추어야 한다.

    풀이 자라는 소리는 못 들었지만, 일수가 풀 뜯는 소리를 들었다. 우드드드드-, 흙먼지를 뽀얗게 피워 올리며, 질긴 풀들이 뿌리의 일부를 남기고 뜯겨나가는 소리. 풀 뽑기는 해 넘어갈 무렵 시작해 해가 진 뒤 마무리되었다. 풀은 금방 자랄 것이고, 일수는 또 어느 초저녁, '방 치는 아이는 상기 아니 일었느냐, 집 앞에 무성한 풀밭을 언제 갈려하나니' 소리를 다디단 낮잠의 꿈속에서 듣고, 눈뜨자마자 작업복으로 환복해 풀을 뜯을 것이다. 휴일에도 현 사장은 성실했다. 촌살이에 좋은 파트너임을 새삼 깨닫는다.

2019년 8월 13일

태풍의 시간, 감자의 시간

감자에 싹이 났다. 땅에 심은 감자라면 반가운 발아일 테지만, 저장 상자 안에서 싹이 나면 골치 아프다. 감자 싹엔 솔라닌, 복어 알엔 테트로도톡신. 어려서 배우고 익힌 독소 이름은 그 당시 친구 이름보다 오래 남아서, 감자 싹을 보면 저절로 "아아, 솔라닌…" 하고 탄식하게 되는 것이다.

감자 상자를 열어젖히니 어둡고 축축한 흙내가 물씬하다. 상자를 열었을 뿐인데 서너 계단쯤 땅 밑으로 내려간 것 마냥 공기의 결이 바뀐다. 뿔처럼 울뚝불뚝 솟은 싹은 수더분한 감자의 외양에 불온한 활기를 부여한다. 침침한 상자 속에서 감자가 은밀히 품어왔던 꿈과 욕망이 싹이라는 형태로 몸을 갖췄다 할까.

몸체에 묻어있는 약간의 흙을 자양분 삼아, 새어 들어온 한 줄기 빛을 삼키고 주변의 습기를 쪽쪽 빨아들이며 키워왔을 그 꿈이 무엇인지, 나는 모른다. 영 모르는 채로, 혹은 모르는 척하며, 싹을, 감자의 꿈을, 비옥한 땅속으로의 탈주와 상자의 전복 혹은 역모… 까지는 아니겠으나 어둔 상자 속에 속절없이 싹튼 의지와 욕망의 핵을 가차없이 도려낸다. 숭덩숭덩, 싹의 뿌리까지, 미량의 솔라닌도 남아있지 않게끔.

그리하여 태풍의 시간, 우리는 문을 꼭꼭 걸어 닫고 집에 박혀, 감자조림과 알감자 버터구이와 감잣국을 먹는다. 구황작물은 이럴 때 빛을 발하는 것. 값싼 와인과 맥주, 싹을 도려낸 감자 한 바구니면 손님이 끊긴 민박집 주인 내외도 배곯지 않고 살 수 있다. 싹을 도려낸 감자로 조리한 음식에선 좌절된 꿈의 아린 맛이 나고, 이런 맛은 안주로 제격이며, 거친 비바람의 두려움을 떨치는데 일조한다.

2019년 9월 22일

온 만큼 더 가면

홍합은 검고, 막걸리는 희고, 깍두기는 붉은데, 결국은 달다. 바다와 쌀과 겨울무의 단맛. 제각각의 뾰족한 특성을 가지고도 뭉뚱그려 단맛으로 기억되는 자리, 사람, 시간을 보내고, 현일수와 둘이 마주한 송년의 밤. 오늘은 2019년 몽도의 마지막 휴일이다. 바깥엔 바람이 거칠지만, 우리는 벽돌조 슬래브 집 안에 있어 안전하고, 단술은 냉장고에 두 병이나 더 남아있다.

맛을 표현할 때, 달다, 란 말은 너무 게으르고 무성의하지 않은가 싶을 때도 있지만, 달다, 외엔 다른 말이 필요치 않을 때가 있다. 입에 달라붙는 무언가를 묘사할 땐, 달다, 달아, 다네, 정도면 충분하다. 달다, 하면 생각나는 신미나 시인의 '남항진 민박'.

무릎에 문질러 닦은 마음
얇게 깎아 띄워 올리고

백사장에 앉아
조개껍질로 쓴다

당신 이름 달다, 참 달다

- 신미나, '남항진 민박' 에서
「싱고, 라고 불렀다」 수록

다디단 이름을, 다디단 노래를, 다디단 시절을 떠올리다 듣는다. 3호선 버터플라이의 '스물아홉 문득'. '온 만큼 더 가면 난 거의 예순 살'이란 그 노랫말을 따라 부르던 시절이 있었다. 나는 스물아홉, 현일수는 서른이었고, 우리는 그 해 여름에 만났다. 좋아하던 옛날 노래를 듣다가, '온 만큼 더 가면 난 거의 아흔 살이 아닌가!' 라는 깨달음 때문에 술이 확 깨는 송년의 밤. 현일수가 옆에서 묻는다. 온 만큼 더 갈 수는 있는 거니?

2019년 12월 26일

고기 맛 고사리

내게 가장 완벽했던 휴가의 기억은 오래전, 작은 암자에서 보낸 봄날이다. 귀에 감기는 소리라곤 아침저녁의 새소리뿐. 가끔, 암자 뒤편 울울한 대숲이 거친 봄바람에 활처럼 휘어지며 쏴- 쏴- 파도 소리를 내는 것 빼곤 내내 고요했다. 그곳에 두 달 묵는 동안 유일한 소란은 길고양이의 의문사였다.

"얘가 뭘 잘못 먹고 죽었을꼬, 조금 전까지 내 방문 앞에서 놀았는데!" "이 고양이는 스님이 밥을 주는 고양이가 아닙니다." "아니다, 내가 챙기는 고양인데 모를 리가! 봐라, 똑같이 생겼다"…의 팽팽한 대립 끝에, 의문사한 고양이는 노스님이 밥과 정을 주던 고양이가 아닌 것으로 밝혀졌다. 잠시 후, 스님에게 밥을 얻어먹고 살던 고양이가 유유히 나타난 까닭. 죽은 고양이를 어디다 묻을 것인지, 그 죽음의 원인이 무엇인지를 둘러싼 웅성거림을 엿듣다 낮잠을 청했던 기억이 난다.

그게 그 시절의 가장 큰 뉴스로 떠오를 만큼 단조롭게 지냈다. 책을 읽고, 일기를 쓰고, 암자와 암자 사이를 산책하는 것이 하루 일과의 전부였다. 술과 고기만 끊을 수 있다면 출가하고 싶다고 일기장에 여러 번 적을 만큼, 그날들이 좋았다. 그 두 달간의 암자 생활 중 마음 붙인 반찬이 고사리나물이었다. '고-'로 시작되어 그런지, 언뜻 보면 결결이 찢어놓은 소고기 장조림 같은 색감과 형상 때문인지, 여하간 고사리를 먹으면 기분이 좋아졌다. 당시, 암자엔 장기투숙객이 나까지 세 명이었는데, 스물아홉, 스물셋, 스물하나의, 무언가를 그만두거나 준비하는 사람들이었다. 우리 중 누구였을까. 고사리 반찬을 오래 씹으면 고기 맛이 난다는 놀라운 발견을 했던 이는. 절간에 방을 얻어 든 인연으로 갑자기 채식 생활을 하게 된 잡식인들에게, 고기 맛 고사리는 최애 나물이었다.

아침잠 많은 어린 그녀들과 이제 막 직장생활을 탈출한 나는 아침 공양을 제치기 일쑤였지만(아침밥이 아니라 새벽밥이었다), 셋 중 누군가 '오늘, 고사리 반찬!'이란 긴급 제보 문자를 보내면 눈곱만 떼고 공양간으로 종종걸음 했다. 고사리가 고기를 대신한 시간은 그리 길지 못했다. 한 달쯤 지났을까. 견딜 수 없이 치맥이 당겨서, 공부하는 그녀들을 꾀어내 치킨집이 있는 마을로 내려갔다. 어둠이 일찍 찾아온 시골마을에 환히 불 밝힌 치킨집 간판은 밤바다의 등대 같았다. 입술에 반지르르 기름칠을 하고 차가운 맥주를 벌컥벌컥 들이키며 생각했다. 언감생심, 고사리는 고사리고, 고기는 고기다! 치맥 후 어두운 마을과 숲길을 지나 암자로 돌아오던 달밤. 맥주도 몇 캔 주머니에 숨겨 들어오던 참이라 한껏 의기양양해진 나는, 좀 놀아본 언니처럼 동생들 앞에 으스댔던 거 같다. 종종 이렇게 회식을 하자고.

가끔, 그 시절이 생각난다. 몽도에도 대숲은 가까이 있고, 새소리는 넉넉하니까. 노스님은 없지만 그 절반쯤 늙은 누룽지 보살이 있다. 행자처럼 바지런히 몸을 놀려 낡은 몽도를 반짝반짝 윤내는 청소존자, 현 사장이 있다. 심지어 남해는 시금치뿐만 아니라 고사리도 유명하다.

물에 한참 담가놓은 마른 고사리가 통통하게 몸을 불린 걸 보니, 까칠한 겨울나무 가지에 봄물이 도는 것 같다. 건고사리를 불리고 삶고 볶는 전 과정을 주체적으로 해내기는 처음. 묵나물 삶는 냄새가 슴배인 부엌에서 의젓한 기분을 홀로 만끽하였으나, 한편으론 급 노쇠한 듯싶기도. 어쨌거나 잘 볶았다. 내일 조식 찬으로 내도 되겠다.

2020년 2월 2일

봄과의 거리, 45센티미터

"바둑판의 길이가 45센티미터죠. 상대와 교감이 생길 수 있는 최적의 길이."

「신의 한 수: 귀수 편」에서 정우성이 말했다. 그렇게 대사를 치고 이시영을 그윽하게 쳐다보다가 키스신으로 전환. 바둑을 몰라도 볼 수 있는 바둑영화였으나(액션의 비중이 크다), 때리고 찌르고 베는 장면이 꽤 잔인해, 띄엄띄엄 눈 감고 봤다. 특히 영화 초반에 텁수룩한 머리와 수염을 붙이고 '안 잘생김(못생김'은 아니다. 그가 못생김을 연기하는 것은 불가능하니까)'을 연기하던 정우성이 너무 억울하고 과한 고통을 당해, 도저히 눈 뜨고 볼 수 없었다. 정우성이 출연한 작품 중 안 본 걸 찾다가 보게 되었는데, 앞으로 그가 일방적으로 쳐 맞는 장면이 들어간 영화는 피할 생각이다.

원목 통 바둑판에 투명 오일스테인을 칠해 옥상에 올렸다. 평상에 둘 소반이 필요했는데, 업어온 바둑판은 우리가 찾던 야외용 찻상(혹은 술상) 기준에 안성맞춤이었다. 강풍에도 끄떡없을 무게와 직사광선 및 습기에 쉽게 부식되거나 마모되지 않을 소재, 단정하게 낡은 분위기에 반했거늘, 정우성 덕분에 알게 된 교감의 과학 45센티미터까지. 이렇듯 미덕이 많은 찻상을 들이게 되어 기쁘다. 다만, 거리두기가 관건인 이 시국에, 45센티미터는 교감의 최적 거리라기 보단 불안과 두려움을 낳는 거리일까.

시절을 잘못 만나 들이자마자 방치된 찻상(오늘은 술상)에 현일수와 마주 앉았다. 냉동실에서 발견한 떡국떡으로 떡볶이를 만들고, 아끼는 호돌이 맥주잔(88 올림픽 굿즈)을 꺼내고, 작은 유리 볼에 천리향 꽃송이도 몇 점 동동 띄워 기분을 냈다. 떡볶이는 언제나 옳고, 봄 햇살 아래 마시는 맥주는 떡볶이보다 두 배 더 옳고(굳이 떡볶이를 만든 이유도, 일수로 하여금 맥주를 사 오게 하려는, 치밀하게 계획된 수작이었다), 생강과 레몬 향이 나는 천리향은 소박한 술상에 새콤하고 알싸한 풍미를 얹어주고, 이렇게 '오늘 치 기분'과 '오늘 치 기운'을 챙겼다. 봄과의 거리가 45센티미터로 좁혀진 듯싶다.

오늘 치 기운이 생겼다
오늘 치 기분이 생겼다

생긴다는 것

없던 것을 가지게 된다는 것
당분간 내 것이 하나 는다는 것

- 오은, '오늘 치 기분'에서
 「유에서 유」 수록

2020년 3월 8일

천리향 유희

　천리향은 요즈음 내 즐거움의 5할쯤 된다. 혼술처럼 혼자 하는 꽃놀이로 소일하는 봄. 천리향과 노는 방법은 두 가지다. 첫째, 꽃가지의 형태를 살펴, 어울릴만한 병이나 컵을 찾아 물꽂이 한다. 물꽂이 한 천리향 꽃가지를 독서대 옆에 두면, 꽃나무 아래 앉아 책을 읽는 기분이다. 일명 '사치스러운 독서생활'이라 부르는 시간. 내게는 특정한 추억을 건드리는 향기라 글줄에 집중하지 못하고 종종 딴생각으로 새기도 하지만, 어쨌든 좋아하는 시간이다.

　둘째, 작은 화채 그릇이나 술잔에 물을 담고, 꽃 공 같은 천리향 꽃송이를 동동 띄운다. 꽃송이를 띄운 잔은 술 마실 때 술잔 옆에 둔다. 한잔 마신 후 꽃 띄운 잔을 들어 코밑에 대고 향기를 마신다. 이를 반복한다. 너무 취하면 순서를 헷갈려 자칫

술잔이 아닌 꽃 잔을 들이켤 위험이 있지만, 좋은 꽃을 볼 땐 반쯤만 취하라는 옛사람의 말씀을 정확히 지키는 중이다. 딱 한 번, 취해서 그런 건 아니고 꽃 띄운 잔을 툭 쳐서 물을 엎질렀는데, 향수를 엎지른 듯 향이 진동해, 잔을 엎고 설레긴 처음이었다. 천리향에 빠져 지내다 보니 이 향기와 닮은 식재료들이 자꾸 생각난다. 꿀에 절인 생강이나 레몬청처럼 달고 알싸하고 새콤한 것들. 레몬이 들어간 생강청을 원했지만 아쉬운 대로 꿀에 절인 생강차를 구해, 아침저녁으로 뜨거운 물에 타마시고 있다. 후각을 넘어 미각까지, 쾌락에 관한 한 천리향 의존도가 이 정도로 높다.

천리향 꽃가지들은 몽도에서 차량으로 5분 거리, 로즈메리 가지를 무한 공급해주는 바닷가 노부부의 집에서 얻어왔다. 정원의 규모는 아담하지만 주인 노부부의 낙이 꽃과 나무 가꾸기라, 로즈메리가 나무처럼 자라고, 천리향이 꽃구름을 이룬 집이다. 노부부는 원래 서울 집과 남해 집을 오가며 지냈으나, 팬데믹 이후 서울보단 안전하다 싶은 남해에 주로 머문다. 덕분에 그 집의 꽃나무들은 어느 봄보다 호황이다. 풀 한 포기 자랄 틈을 주지 않고 매일같이 어루만지는 까닭. 나는 노부부가 이따금 서울에 머무는 동안 빈 집의 텃밭과 정원에 물 주기 임무를 수행하는 댓가로, 로즈메리 가지는 기본이요, 제철 꽃가지들을 무한 공급 받고 있다. 노부부가 원하는 수형을 유지하느라 시시때때로 잘라주는 가지들이 몽도에선 꽤 중요한 인테리어 요소가 되니, 서로에게 좋은 일이다.

최근, 내가 그 집에서 중점적으로 공급받고 있는 천리향 꽃

가지는 노부부가 서울집에서 가져온 꽃나무다. 8년 전, 그 꽃나무의 주인이 세상을 떠나는 바람에 맥없이 시들어버렸던 것을 남해집 화단에 옮겨 심고 애지중지 가꿔, 가지치기를 해도 될 만한 규모로 번창시켰다. 바닷바람 속에 융성한 천리향은 꽃송이가 탐스럽고 이파리가 싱싱하며 향기가 짙다.

정원 가꾸기가 낙인 바닷가 노부부는 내 부모님이고, 꽃구름처럼 번창한 천리향의 원 주인은 내 이모다. 아이들을 서울에 두고 남해에서 일을 했던 동생 부부를 대신해, 사 남매의 곁을 채워준 사람. 8년 전, 이모가 호스피스 병동에 입원하던 날, 마지막으로 돌아본 집안 풍경에 천리향 화분이 있었다. 그 앞에 시선이 잠시 머무는 걸, 이모를 부축하다 눈치챘다. 이모가 아끼는 꽃나무였다.

이모는 천리향이 필 때, 화분을 둔 계단참에 앉아있길 좋아했다. "이 향 좀 맡아봐, 꼭 향수 뿌린 거 같지?" 꽃 화분 가까이 손을 뻗어 허공을 확확 움켜쥐며 향을 끌어다 맡던 모습이 선하다.

이모의 유품을 엄마와 함께 정리하며, 우린 거의 아무것도 버리지 않았다. 시시때때로 삶을 정리하며 살아온 이모의 살림살이는 마치 군더더기 없는 문장처럼 간결하게 남아, 버릴 것이 없었다. 나는 이모가 평생 써온 반짇고리와 이모만큼 단정한 할머니로 늙었을 때 입으면 좋을 치마와 블라우스, 그리고 이모가 쓰던 커피잔과 식기세트를 물려받았다. 사실 그 식기세트는 지루하게 느껴져 기피하는 코렐이었는데(도무지 깨지지 않아, 그릇을 바꿀 수 있는 합당한 이유를 제공하지 않는다), 나이가 드니 이모가 왜 코렐을 좋아했는지 알겠다. 가벼워서 설거지할 때 손목에 무리가 가지 않고, 떨어트려도 깨지지 않으니, 아침부터 그릇 깼다고 기분 찜찜할 일이 없다. '깨지지 않는 아름다움'이라는 코렐의 오래된 카피에서 '아름다움'까진 모르겠고, '깨지지 않는 고마움'만큼은 확실하다.

가끔 떨어진 단추를 달거나 뜯어진 시접을 꿰매느라 반짇고리를 열면, 이모가 쓰던 실과 바늘이 그대로다. 바느질을 자주 안하니, 실과 바늘은 내가 세상을 뜬 후에도 남아있을 것이다. 코렐은 그때까지도 안 깨질까. 천리향은 언제까지 흐드러질까. 터진 쌀자루처럼 향기와 기억을 우르르 쏟아내는 꽃가지 아래, 사람보다 오래 남은 실과 바늘과 접시와 밥공기와 치마 같은 것을 생각하는 봄밤.

2020년 3월 11일

쑥이라도 뜯겠어요

 등짝에 따끈한 봄 햇살을 이고 흙바닥에 철퍼덕 주저앉아 쑥을 뜯는다. 손끝에선 쑥향이 솔솔 피어오르고, 실개천은 '지줄대고', 옆에선 '엷은 조름에 겨운' 남편이 '해설피 금빛 게으른' 하품을 하고, '흙에서 자란 내 마음' 같은 것은 없지만, 흙에서 늙어가는 내 마음이 도는 봄. 그러나 이렇게 평화로와도 되는 건가 싶은 순간은 딱 삼십분까지다. 다리가 저려 양반다리를 풀고 한쪽 무릎을 세우고 앉았다가, 허리를 편답시고 일어나다 이내 현기증을 느낀다. 등짝에 짊어진 봄 햇살도 무겁게 느껴진다. 도시락으로 싸온 사과를 씹다가 현일수가 중얼거린다.
 "남해에 내려와 방을 치고 살 줄도 몰랐지만, 쑥을 뜯고 살 줄은 더 몰랐어."

 우리가 몰랐던 게 그것뿐일까. 나와 세계의 연결감을 바이러스를 통해 확인하게 될 줄도 몰랐고, '지구촌'이란 낡은 단어를 이토록 생생하게 실감하며 살 줄도 몰랐다.

언제나 말이 씨가 됐다. 발아發芽로 이어지는 발화發話의 마법을 자주 경험한다. "남해에 내려가 방이나 치고 살까?" 했던 말이 오늘의 삶을 만들었듯, 인스타그램에 휴업 공지를 올리며 "인적 없는 산과 들을 찾아 쑥이나 뜯겠습니다"라고 '쑥'을 발음한 순간, 쑥에 대한 꿈이 싹텄다. 쑥을 뜯어 무슨 요리를 할까 궁리하다 쑥국, 쑥버무리, 쑥 튀김을 지나 쑥차가 떠올랐고, 쑥차라면 한번 팔아볼 만도 하지 않나? 라는 생각에 이른 것. 시골에 널린 게 쑥이니, 내외가 바지런히 움직이면 매일 쑥 한 바구니는 충분히 뜯을 수 있을 것 같았다. 밑천 없는 영세 자영업자 겸 시골 백수가 도전해볼 만한 일이란 생각에, 판로라든가 수익을 따져볼 겨를도 없이 '쑥'이라는 한 글자가 그야말로 쑥 스며들었다.

"나는 글을 팔다 방을 팔고, 방과 함께 향을 팔게 됐잖아. 내 삶의 내력을 보니 오로지 한글자만 팔고 있는 셈인데, 이젠 쑥인 거 같아. 코로나19로 쑥대밭이 된 자영업자의 삶에 쑥이 쑥 들어온 순간을, 훗날 우리의 성공 스토리로 풀어낼 날이 올지도 몰라. 예부터 역병이 돌 땐 집안에서 마른 쑥을 태웠다더라고. 이건 시절이 부른 사업이야. 일단, 연매출 50만 원을 목표로 가보자!"

연매출 50만 원은 나오는 데로 뱉은 말이었다. 나름 사업 브리핑이니 '연매출' 같은 단어는 넣어야겠고, 가뜩이나 스케일이 작은 나로선 봄 한철 사업에 숫자를 크게 부를 배포가 없었다. 처음에 현일수는 나의 쑥 사업 안을, 생계에 대한 위기의식과 팬데믹 상황의 불안이 낳은 아무 말 대잔치로 여기는 듯 했으나, 나 못지않게 귀가 얇은 그답게 쑥이 주는 희망에 자꾸 설득되어가는 눈치다. "월매출 아니고 연매출 50인 거지?" 어이없다는 듯 거듭 되물으면서도, 나보다 더 열심히 쑥을 뜯는 이유도 그 때문이 아닐까.

수제 덖음 쑥차는 우리의 소규모 민박 사업과 은근히 비슷하다. 큰 자본 없이, 오로지 두 사람의 노동력과 정성으로 굴려가고 만들어낸다는 게 똑 닮았다. 쑥은 함께 뜯고, 세척은 일수가, 덖음은 내가 담당한다. 유튜브에 '쑥차 만들기'를 검색하여 얻은 여러 제다 방식을 전전하다가, 단정한 비구니 스님이 친절하게 가르쳐주시는 제수분 덖음 방식에 안착했다. 건조한 쑥이 아닌 생쑥을 바로 덖기에 제다 과정이 짧고, 제다 초반엔 쑥 훈증 효과까지 덤으로 누릴 수 있다는 게 장점이다. 뜨겁게 달군 마른 팬 위에서 생쑥의 수분을 날리는 과정 중 발생하는 쑥 증기 덕분에 행여나 피부라도 말개진다면(쑥팩은 원래 피부에 좋은 거니까), 연매출 50만원을 달성하지 못할 지라도 그 가치가 충분하다고 본다. 쑥차 제다 과정의 부수적인 기대 효과를 이웃에게 자랑하던 중 "언니, 피부만 좋아진다면, 제2의 SK2 신화를 누릴 수도 있어요!" 라는 부추김에 고무되어, 쑥 증기에 얼굴을 들이미는 시간이 더 길어졌다.

또한 고마운 마음과 축하의 마음을 전하고 싶을 때 직접 뜯고 덖은 쑥차를 선물할 수 있다는 것만으로도, 쑥 노역의 가치는 무한하다. 돈으로 쉬이 해결하던 일들이 더 이상 쉽지 않을 것이다. 역병엔 가난이 뒤따른다. 하지만 '가난하다고 해서 사랑을 모르겠는가(신경림, '가난한 사랑 노래' 중에서)'. 한동안 곤궁할 예정이나 그럼에도 사랑을 참을 수 없을 땐, 쑥이 답이 될 것이다. 머지않은 가정의 달 5월엔 어린이 조카에게도 쑥을 선물하고, 부모님께도 쑥을 선물하겠지. 어린이에게 쑥차를 선물하는 것이 과연 사랑에서 발원한 행동일까마는.

일생 변하지 않는 것 하나가 굼뜨고 게으른 성정이거늘, 쑥에 관한 한 대단히 진취적이고 부지런한 자세로 임하는 중이다. '일단 멈춤'을 걸어둘 수밖에 없는 상황 속에서, 멈췄으나 도무지 멈출 수 없는 마음이 쑥이라도 뜯고 덖으며 널을 뛰는지도 모르겠다.

경동시장 약재 골목 내지는 쑥 찜질방 같은 향기가 떠도는 집안에서 매일, 어제 덖거나 오늘 덖은 쑥차를 마신다. 입 안 가득 봄을 머금고, 목구멍으로 봄을 넘긴다. 웅녀만 봐도 태초부터 자가격리엔 응당 쑥이지, 올봄은 꽃보다 쑥이네, 쑥떡쑥떡거리며. 쑥차의 희망이 소진될 때쯤 쑥주를 담가도 좋겠다 싶어, 쑥술 담그는 법도 틈틈이 곁눈질 한다. 전통명주인 쑥술의 한자 이름은 애주艾酒. 이쯤 되면 쑥은 내 운명인가. 애주가에겐 이름부터 참 설레는 술인 것이다.

2020년 4월 3일

오늘 뜯을 쑥을
내일로 미루지 않습니다

    오늘 해야 할 일을 내일로 미룬 적 없다. 그냥 미룰 수 있을 때까지 미뤘다. 그러다 정녕 더 이상 미룰 수 없는 지점에 이르러서야 초인적인 괴력을 발휘하는 틈틈이, 산다는 건 이렇게나 고행이거늘 왜 이다지도 삶에 미련이 많은 거냐며 울먹울먹 탄식과 자괴 속에 자맥질하다, 우야든동 일을 마쳤다. '어쨌거나 마감은 지나간다'는 믿음 하나로, 오늘 할 일을 내일로, 다음 주로, 미룰 수 있을 때까지 미루는 습성이 일과 삶 전반을 잠식하다 보니, 과연 '오늘 꼭 해야 할 일'이라는 게 있긴 한 건가 싶기도 했다(단, 예외를 두자면 '오늘 마실 술은 내일로 미루지 않는다' 정도랄지).

    하지만 쑥은 다르다. 오늘 뜯을 쑥은 내일로 미룰 수 없다. 내일의 쑥은 오늘의 쑥이 아니다. 날마다 꽃은 지고, 쑥은 자란다. 잎이 자란다는 건 더 이상 연하지 않다는 것, 거세진다는 것. 어린 애쑥은 무한하지 않다. 오늘 일력에 박연준 산문집 「모월모일」에서 발췌한 문장을 적다 화들짝 놀랐다.

> 봄이에요. 사월이고요.(중략) 어린잎이 '어린잎'으로
> 보내는 때는 짧아요. 금세 지나가죠.

순간, 눈앞에 쑥이 아른거렸다. 쑥차를 꼭 애쑥으로 만들어야 한다는 법은 없다. 애쑥에 대한 집착은 초보 쑥마니의 초심일 뿐이다. 정말이지 오늘 할 일을 내일로 미루고 싶은 날이었지만(그런 날이 매일이긴 하지만), 모자 끈을 질끈 묶고 쑥을 뜯으러 나갔다. 대체로 나보다 성실한 현일수가 유독 꾸물럭거린다 했더만, 그는 벌써 쑥에 흥미를 잃었노라 고백했다. 쑥 사업으로 혹여 돈을 벌게 되거든, 다 내 통장에 꽂아도 된다고 했다. 발을 빼고 싶은 거다. 쑥 뜯기가 지겨워진 게다. 나는 장소를 바꿔보자고 제안했다. 쑥 권태기엔 원정 채취가 대안이 아니겠냐고. 삼동면 꽃내권역을 벗어나 새로운 곳에서 새 마음으로 뜯어보자고. 사실, 쑥 원정을 가려해도 현일수의 도움 없인 불가능하다. 나는 굴릴 줄 아는 바퀴가 없으니까. 그를 잘 구슬려 오늘 뜯을 쑥을 내일로 미루지 않는 날들을 차곡차곡 쌓아가야 한다. 쑥을 뜯으며 〈시경〉에 나온다는 시 한 구절을 읊어 주었다.

> 님은 쑥을 캐겠지.
> 하루만 못 보아도,

가을이 세 번 지난 것 같구나.

하루만 쑥을 걸러도 가을이 세 번 지난 것 같은 애틋함으로 쑥을 뜯자고. 쑥으로 흥해도 나 혼자 호의호식하진 않을 거라고. 봄이고, 사월이고, 애쑥이 애쑥으로 보내는 때는 짧으니까, 금세 지나가니까.

2020년 4월 9일

새똥이 밉지,
새가 미운 건 아니다

남해에서 보낸 첫 봄의 기억은 새소리다. 새 지저귀는 소리에 눈 뜨는 아침이 좋았다. 평온한 봄의 ASMR 같은 새소리를 들으며 살랑살랑 일렁이는 대밭을 바라보고 있노라면, 제법 괜찮은 삶을 살고 있다는 생각마저 들었다. 남해에서 두 번째 봄을 보내고 초여름으로 진입하는 이즈음. 새소리는 여전히 아름답지만, 그 소리를 처음처럼 즐기진 못한다. 천지간에 가득한 새소리는 마당과 옥상에 낭자한 새똥으로 연결되는 까닭. 저것은 구애의 노래이거나 세력권 방어 및 경계신호가 아니라, 쾌변의 환호성인가 싶을 때도 있다. 비행을 하려면 몸이 가벼워야 하므로, 새들은 날면서 바로바로 배설을 한다고 읽었다. 방광이 따로 없어 소변과 대변을 한 번에 찍-.

새똥으로 엉망이 된 차는 이제 그러려니 한다. 새들의 거주지에 주차한 탓이다. 해도 너무 하는군- 싶게 똥차를 만들긴 하나, 무료로 제공된 아름다운 음원을 종일 즐긴 대가라 여기기로 했다. 평상과 테이블, 의자 등 옥외 살림살이에 남긴 얼룩도 짜증은 좀 나지만, 에잇- 하고 만다. 새똥까지 치워야 하는 현일수를 생각하면 마음이 짠하지만, 어쩌겠나. 비행과 배설을 동시에 행한다는데. 하지만 간혹, 깨끗이 빨아 널은 이불에까지 얼룩을 남기는 행위엔 화가 난다. 우리에게 빨래는 어떤 의미인가. '생업'이다. 민박집의 노동은 크게 빨래와 청소와 접객(조식 서비스 및 여행정보 제공)으로 이루어진다. 그 트라이앵글의 한 축인 빨래를 손상시키는 행위는 도무지 용납이 안 되는 것이다.

내 생활구역에 새똥의 지분이 크지 않았을 땐, 흰 페인트 얼룩 같은 새똥을 경이롭게 여기기도 했다. 똥이 하얗다니, 하늘을 나는 존재답게, 땅에 발붙이고 사는 우리와는 이렇게 다르구나, 했다. 하지만 그것은 새의 오줌이 요산의 형태로 배출된 것일 뿐. 새똥을 많이 보다 보니, 똥이 꼭 희기만 한 것도 아님을 알게 됐다. 흰 얼룩에 검은색과 갈색 덩어리가 일부 섞여 있다. 찬찬히 들여다보면, 검은색 부분은 충분히 소화되지 않은 벌레의 형상처럼 길쭉하기도 하다. 검고 딱딱한 벌레를 잡아먹었을까. 검고 길쭉한 새똥을 볼 때마다, 그것이 지네의 잔해라면 좋겠다고 생각한다. 닭이 지네를 잡아먹으니, 큰 새도 지네를 잡아먹지 않을까? 지네를 잡아먹었다면, 얼마든지 우리 마당과 옥상에 똥을 싸도 좋아!(이불은 빼고!), 이런 마음이다.

지네는 시골살이에 큰 난제다. 함께 살아가는 삶을 받아들여야 한다고 머리론 생각하지만, 두려운 마음은 단련되지 않는다. 대밭과 다래밭과 논밭과… 이 무한한 초록을 누리는 대가다, 지네의 터전에 우리집이 이웃해 있는 것이다, 비만 오면 유독 내 집과 네 집의 경계심이 없어지는, 발이 지나치게 많고 독이 좀 있는 이웃이다, 라고 생각하려 하지만, 쉽지 않다. 여전히 마주치면 놀라고, 두렵다. 두려움이 곧 싫음으로 번역된다. 싫어하지 않으려면, 알아야 할까. 알기 위해, 읽어야 할까.

그러므로 일단, '새가 된다는 것은 어떤 느낌일까?'라는 부제가 매력적인 「새의 감각」을 읽는다. 새똥은 싫지만, 새소리는 듣기 좋으니까. 새똥은 싫지만, 지네를 잡아먹을지도 모를, 튼튼한 부리를 가진 새는 고마우니까. 새를 다 읽고 나면 지네를 읽어야할까 싶어 지네에 대한 책을 찾아봤으나, 전래동화가 대부분이다. 지네의 천적은 닭이라니, 힘센 닭을 키워볼까. 한데 닭똥은 누가 치우나. 닭의 부리가 무서워서, 나는 마당에나 나갈 수 있을까. 닭을 그려 이 방 저 방, 부적처럼 붙여둘까. 오늘도 부질없는 궁리만 이불 속까지 끌고 들어간다.

2020년 5월 8일

개구리는
백화등 향기를 업고 온다

집에서 마을 어귀 버스정류장까진 445m. 걸어서 6분 남짓 걸린다. 입실 안내를 마치고 해가 저물면, 버스정류장까지 갔다 돌아온다. 왕복 12분. 3회쯤 반복하면 호흡이 조금 거칠어지고 발바닥이 뜨거워지는데, 보통 2회쯤 하고 만다. 도시살이에 비해 운동량이 영 부족한 촌살이의 자구책, 일명 '왔다리 갔다리 밤 산책' 시간이다.

논에 물을 대고부터 활성화된 개구리울음은 초여름밤을 장악한다. 마치, '봄의 짧은 터널을 빠져나오자 개구리 세상이었다, 밤의 밑바닥이 개굴개굴했다'라고 묘사해야 할 것 같은 압도적인 떼창이다. 한데 어느 밤부턴가, 개구리울음에 짙은 분내가 겹쳐졌다. 향기의 진원지를 찾아 킁킁거리다 보니, 길 옆 담장을 뒤덮은 덩굴식물이 눈에 들어왔다. 윤기 나는 초록

이파리 사이에 잔잔한 흰 꽃이 가득했는데, 꽃잎의 모양이 프로펠러를 닮았다. 바람이 불면 꽃잎을 팽그르르, 바람개비처럼 돌려 향을 발산하는 게 아닌가 싶은 모양새. 고마운 꽃 이름 선생님 모야모 앱에 물어 '백화등'이란 이름을 찾아내고, 흰꽃의 향기가 등을 켠 듯 환하다는 뜻인가 보다, 하고 낯선 이름을 외웠지만, 등나무, 덩굴, 넝쿨을 뜻하는 '등藤'이다.

가지런히 열 맞춰 누운 마을과 찰랑찰랑한 논과 자주감자 꽃 만발한 감자밭과 시시각각 자라는 옥수수밭을 지나는 445m의 산책길. 백화등 덕분에 밤 산책의 감각이 보다 풍성해졌다. 버스정류장 방향으로 나아갈 땐 왼쪽에 개구리울음을, 오른쪽에 백화등 향기를 끼고 걷게 된다. 집으로 돌아올 땐 그 반대. 좌 개구리-우 백화등과 우 개구리-좌 백화등을 설렁설렁 반복하며, '모내기 즈음, 개구리울음은 백화등 향기를 업고 온다'는 생생정보 하나를 새긴다. 백화등 덕분에 환하게 개굴개굴한 초여름밤. 일찌감치 버스가 끊긴 밤의 정류장까지 걸어가는 길이 덜 심심하다.

2020년 5월 23일

김밥말이, 기억풀이

김밥을 좋아한다. 남은 생 내내 한 가지 음식만 먹을 수 있으니 3초 내로 메뉴를 선택하라는 미션이 주어진다면, 주저 없이 "김밥!"을 외칠 것이다. 우울하거나 무기력할 때 김밥 맛집을 검색하는 버릇도 있다. 알록달록한 속을 야무지게 품고 있는 김밥 사진을 보는 것만으로도, 김밥과 맥주를 챙겨 나들이 갈 궁리만으로도, 자잘한 화와 낙담이 조금 누그러진다.

내가 꾸준히 좋아해 온 '김밥&맥주' 조합의 시작은, 꽤 오래 전 기억을 더듬어야 한다. 담임선생님 도시락을 준비해야 했던 소풍날. 선생님 도시락에 부담을 느낀 엄마는 김밥만으론 부족하다 싶었던지, 통닭과 맥주 두 캔을 함께 싸줬다. 봄소풍이었을까 가을소풍이었을까. 계절은 잊었지만 중학교 때다. 가방 속 맥주를 꺼내기 싫어 갈등하다, 선생님께 김밥과 통닭만 드렸다. 가방에 고스란히 남은 맥주를 집에 가지고가 "아부지가 생각나서…"라고 했다면 훈훈한 마무리겠지만, 키는 안 크고 금지된 것을 향한 호기심만 쑥쑥 자랄 때였다. 소풍이 끝난 후 친구 집에 들러, 남은 김밥을 안주 삼아 맥주 두 캔을 나눠마셨다. 맥주 한 캔을 다 마신 건 처음이었지만, 무탈했다. 빈 캔을 친구네 집 앞 놀이터 휴지통에 버림으로써 증거인멸까지 완벽하게 마쳤으니.

김밥은 특정 속 재료를 부각하여 계란김밥, 유부김밥, 장아찌김밥, 땡초김밥, 더덕김밥, 명태김밥, 삼겹살김밥, 나물김밥 등으로 그 종류와 이름을 무한 증식한다. 무엇을 넣고 말 것이냐에 관한 한 상상력의 한계가 없어 뵈는 것 또한 김밥의 미덕. 품이 꽤나 너른 음식이다. 간혹, 옆구리가 터지는 이유도 그 때문. 다양성을 양껏 품다 보면 그럴 수 있다.

이웃의 초대를 받아 김밥을 참 맛있게 먹고 온 적이 있다. 테이블 위에 김밥 재료를 펼쳐놓고 바로 말아 썰어내는, 김밥을 가장 맛있게 즐기는 방식의 저녁상이었는데, 맥주도 함께하여 기쁨이 컸다. 오랜만에 만난 터라 근황 토크가 끊이지 않던 와중, 아직 썰지 않은 김밥 한 줄이 스르륵 풀려버리는 장면을 목도하게 됐다. 활짝 만개한 김밥 때문에, 모여 앉은 사람들 모두 웃었다. 말아져 있으면 야무진 김밥도, 속을 드러내니 천진했다. 터져서 좋은 건 벚꽃만이 아니라는 걸, 김밥이 터지면 웃음도 터진다는 걸, 터진 김밥엔 터진 김밥만의 미덕이 있다는 걸 알게 됐다.

김밥은 말아내는 음식이고, 말아내는 음식들은 대부분 지갑과 위장에 큰 부담이 없다. 맑은 멸치국수 한 그릇, 윤기 나는 밥에 우엉조림을 빠트리지 않고 김밥 한 줄 둘둘 말아주는 단골집을 가까이 두고 싶다. 여기에 소맥까지 '말아' 곁들인다면…. 쉽지 않은 꿈이다. 메뉴판에 김밥과 국수와 술의 조합을 이룬 집은 생각보다 드물고, 더군다나 분식집이 귀한 시골살이에 김밥은 레어템이다. 적어도 면 소재지 정도 나가야 먹을 수 있을까 말까 한. 아쉬운 대로 집에서 말아먹으면 된다. 재난지원금으로 쌀을 20kg이나 샀으니, 한동안 김밥 좀 말겠다. 쌀 소비엔 김밥만 한 것이 없고, 냉장고엔 내내 남해 마늘종이 있을 예정. 마늘종은 요즘 내가 만드는 모든 음식에 들어간다. 뭐에 넣든 맛있고, 김밥에도 착 붙는다.

　　연애시절 현일수는 맛있는 김밥을 곧잘 사다 줬다. 내 저렴한 입맛은 가난한 지갑을 가진 청년에게 안성맞춤이었을까. 물론, 애인의 얄팍한 지갑을 배려해서가 아니라 그저 김밥을 좋아했을 뿐이고, 김밥과 함께 마신 맥주를 생각하면 그리 저렴한 식사도 아니었다.

2020년 5월 26일

마이 페이보릿 여름 1
자귀나무

 자귀나무는 몸집이 매우 크고 깃털이 화려한 새가 털갈이를 격하게 하고 떠난 자리 같다. 꽃과 새의 중간 형태쯤으로 보이는 이상하게 아름다운 꽃 때문인데, 그 향기마저 달달하다. 익숙한 향이다 싶어 자귀나무를 떠나지 못하고 맴돌다가 깨달았다. 이건 복숭아 향이구나! 더위에 치일 때마다 여름날의 좋은 것들을 하나씩 호명하며 칭송할 작정인데, 자귀나무 꽃은 내가 가장 좋아하는 여름과일의 향까지 등에 업고, 올 초여름의 꽃으로 자리매김했다.

 수박이나 참외보다, 복숭아나 자두처럼 손으로 온전히 쥐고 껍질째 먹는 과일을 좋아한다. 마트에 가면 일수와 갈등하는 부분도 그것. 수박 앞에서 걸음을 멈추는 현일수와, 저 고래 같은 것을 어떻게 해체해 먹을 셈이냐며 복숭아 쪽으로 걸음을 옮기는 나. 같은 상황이 반복되다 보니, 전반적으로 온화한 성격의 현일수도 폭발한 적이 있다.

"나는 수박을 좋아해! 여름엔 수박이라고!!"

그렇듯 일수의 여름과일 취향과 충돌한 이래, "그럼 너 좋을 대로 해!" 하면서도, 수박을 통통 두드리는 그를 두고 복숭아 쪽으로 가는 발걸음은 어쩔 수 없다. 욕망에 관해 꽤 이기적이라는 지적질을 당하며 카트에 복숭아 상자를 싣고, 복숭아 좀 씹겠다고 이기적이란 말까지 들어야 하다니 조금 억울하단 생각이 들어서, 그날 밤엔 이 시를 일력에 적기도 했다.

이기적인 생은 보고 싶은 것만 보고 듣고 싶은 것만 들어서
우리 안에는 당신이라는 모든 매미가 제각기 운다

– 이규리, '당신이라는 모든 매미'에서
「최선은 그런 것이에요」 수록

이기적인 생은 제 먹고 싶은 것만 먹어서, 오늘도 복숭아를 한입 베어 문다. 과즙을 쓰읍 쓰읍 빨아들이지만, 어느 틈엔가 끈끈한 단물이 손가락을 타고 손등을 넘어 팔뚝을 따라 흘러내린다. 눈물 줄기만큼 가느다란 단물 줄기를 두어 줄 흘리는 팔뚝은, 여름의 고유한 감각. 팔뚝이 달고 끈끈하게 우는 여름밤엔 이제, 자귀나무 꽃이 절로 생각나겠다. 복숭아처럼 달콤한 향기를 풍기는, 꽃과 새의 중간계.

지난주, 남해읍 남산공원으로 밤 나들이를 갔다가 자귀나무를 봤다. 토스트와 김밥, 맥주를 펼쳐놓고 벤치에 앉아 밤이 내려앉는 공원을 바라보고 있었는데, 어슴푸레한 저편 숲에 화려한 핑크색 꽃이 보였다. 맥주 일 캔을 비우는 동안 꼬리가 긴 여름 일몰도 다 사그라들어 완전한 밤이 되었거늘, 자귀나무 꽃의 강렬한 존재감은 어둠에 묻히지 않았다. 오히려 차분한 밤공기 속에 더 농밀해진 향기로 감각을 집중시켰다. 밤이 되면 포개진다는 길쭉한 이파리를 갈퀴손처럼 늘어뜨리고, 새의 깃털 같은 꽃을 달고 복숭아 향기를 뿜어내는 기괴한 꽃나무 덕분에, 대번에 남산공원이 좋아졌다.

촌살이의 갈증 가운데 하나는 밤의 공원이다. 가로등을 밝힌 산책로와 정비된 화단, 벤치를 갖춘 공원에 대한 그리움은, 도시적 밤에 대한 그리움에 다름 아니다. 왼쪽엔 논을, 오른쪽엔 옥수수밭을 끼고 농로를 왔다 갔다 하며, 달이 밝네, 별이 많네, 감탄하는 밤 산책도 좋지만, 계획적으로 조성된, 인공미 넘치는 자연이 종종 그립다.

남산공원으로 밤 산책을 간 날, 자귀나무와 도시적 공원의 인공미에 취해, "좋다 좋아! 심지어 이름도 남산이야!"를 연발하며 즐거워했으나, 산책로에서 새끼 고양이 만한 두꺼비를 두 번이나 만났다. 동천리에서 보던 것보다 두 배 쯤 큰 두꺼비였다. "여기도 자연이 살아있네, 펄펄 살아있어. 인공미는 무슨…" 하는 소회로 마무리되었던, 자연친화적 밤 산책. 자귀나무 꽃이 피면 비가 온다더니, 내내 뒤로 밀리던 장마가 시작된 모양이다. 퍼붓는 비에 꽃은 곧 다 지겠다. 복숭아나 먹으며 지나간 초여름의 꽃과, 사람 사는 집을 내주어도 될 만큼 큰 두꺼비를 추억할 밖에.

2020년 7월 12일

마이 페이보릿 여름 2
생맥주

 나도 모르게 하트를 그리고 있었다. 얼음 잔엔 손자국이 남고, 자국이 남으면 무언가 그리고 싶어지니까. 열흘 만에 가진 휴무였고, 언제가 마지막이었는지 기억도 가물가물할 만큼 오랜만에 마주한 생맥주였다.

 두 팔로 그리는 큰 하트든 손가락으로 만드는 작은 하트든, 하트라는 것을 날려본 적이 없다. 은근 이모티콘 중독자이거늘, 하트가 들어간 이모티콘은 거의 사용하지 않는다. 상용하는 하트는 인스타그램에 '좋아요'뿐. 공감해요, 슬퍼요, 나도 화가 나네요, 의 감정도 '좋아요'를 눌러 표현해야 한다는 게 아직도 어색하지만, 붉은 하트 안엔 그 다양한 감정이 포함된 것이니까, '좋아요'를 누른 게 아니라 웃겨서, 서글퍼서, 걱정돼서, 반가워서, 귀여워서, 군침이 돌아서, '지금 내 심장이 반응했어요'를 누른 거라고, 하트가 꼭 '좋아요'는 아니라고 생각해왔다. 한데, 홀린 듯 얼음 생맥 잔에 하트를 그리다가 알았다. 하트란 '좋아요'이고, 좋아하는 마음은 도무지 감춰지지 않아서, 하트란 이렇듯 자연발생적이고, 하트는 내내 유구할 것이라고.

여름에 치일 때 마다 불러보는, 마이 페이보릿 여름. 그 두 번째는 생맥주다. 맥주란 캔으로든 병으로든 일상 속에 늘 함께하는 생활 술이지만, 정말 마음 한구석이 저리도록 생맥주를 마시고 싶을 때가 있다. 그냥 목구멍을 확 열고, 달지도 쓰지도 않은, 탄산이 적당한 차가운 액체를 벌컥벌컥 들이켜고 싶을 때가 있다. 호피하군, 주시해, 음~ 매우 펑키한 맥주야, 라고 풍미를 음미할 것도 없이 벌컥벌컥 넘기다 캬~ 하고, 또 벌컥벌컥 넘기다 화장실을 한번 다녀오고, 이제 다시 시작할 수 있을 거 같아! 하며 또 마시는 그런 생맥이, 내가 처음 접한 맥주, 영 잘 못 배운 맥주(목구멍을 열고 들어갈 때까지 마셔라!)가 그리울 때가 있다. 생맥주 통과 내 입과 식도와 장기와 화장실까지, 눈에 보이진 않지만 공중 수로와도 같은 하나의 물길이 이어진 듯 놀고 싶을 때가 있다.

그리우면 만나는 수밖에 없어서, 열흘 만에 맞은 귀한 휴무에 굳이 버스를 타고 읍내까지 나갔다. 생맥주집이 오픈하는 시간에 딱 맞춰 들어가, 막차 시간까지 두어 시간 바짝 마시고 귀가하기로 한 것. 마음이 급해서 안주는 한 번에 두 개씩 고르고, 잔 비우는 속도가 나보다 느린 현일수를 채근하고(빨리 비우라고, 한 번에 두 잔씩 시켜야지, 직원을 계속 부르면 미안하다고… 자영업자가 된 이래 남의 영업장에 가면, 과도하게 눈치를 보는 버릇이 생겼다), 열 번도 더 이야기했을 생맥주에 관한 어리석은 추억담을 나누다가, 그 추억에 얽힌 친구들이 보고 싶어져서, 택시비 줄 테니 나오라고 전화해볼까? 서울에서 남해까지 택시비 얼마나 나올까? 실없이 키득대다가, 누구에게도 전화하지 않고, 더 마시고 싶다고 떼쓰지도 않고, 얌전히 집으로 가는 막차를 탔다.

버스 안에서 이어폰을 끼고 예전에 좋아하던 노래까지 듣고 있자니, 내가 탄 버스가 271번 같고, 272번 같고, 7016번 같았다. 마스크에 갇힌 제 술 냄새에 취해, 노래는 두 곡만 듣고 곯아떨어졌지만.

2020년 7월 20일

앞으로 앞으로
자꾸 걸어 나가도

'사 남매'라 이름한 단톡방이 있다. 이름 그대로 언니 둘과 나, 남동생으로 구성된, 꽤 활성화된 톡방이다. 이 방에선 매일 이야기가 오간다. 백종원 가지 밥 먹어봤어? 별거 아닌데 꿀이네. 얌전한 검은색 로퍼가 필요한데 1번, 18번, 34번, 77번 중에 뭐가 좋을까? 아이허브 비타민 세일한다. <브람스를 좋아하세요?> 꼭 봐! 이 가을의 추천 드라마야…와 같은 소소한 생활 정보를 나누거나 자잘한 선택을 돕고, 이미 답이 나와 있는 결정을 독려하는 방이다. 막내까지 사십 대에 진입하고 보니 아무래도 대화 중엔 병 자랑이 큰 지분을 차지하고, 내가 아파봐서 아는데…로 시작하는 통증 간증과 처방전이 난무하는 가운데, 언제나 결론은 운동과 비타민.

최근, 사 남매 톡방의 주요 이슈는 '걷기'다. 매일 5천 보 이상 걷고 자정 전까지 자신의 걸음수를 인증하는 프로젝트를 진행 중인 까닭. 5천 보를 달성하지 못한 사람은 1천 원을 기부하고, 월말에 네 사람의 걸음수를 정산하여 걷기 왕 1인에게 기부금을 몰아주기로 했다. '요체크' 큰언니가 엑셀로 어엿한 표까지 만들어 걸음수를 기록하면서, 걷기 왕 프로젝트는 급물살을 탔다. 아침형 인간인 작은언니는 아침 7시부터 '나 지금 걸으러 나간다'고 자극적인 톡을 올리고, 밤 11시까지도 걷기 인증을 못해 '쟤는 오늘 틀렸구나' 싶었던 남동생은, 애 재우고 바로 걸으러 나갈 거라며 투지를 불태운다. 심지어 집 밖으로 나갈 여건이 안될 땐 거실에서 살금살금 걷기로 어떻게든 5천 보를 채우고 11시 57분에 인증하는 집요함을 보이기도 한다. 체력이 쉬 방전되는 타입이라 분명 기부천사가 될 거라 확신했던 큰언니만 2천 원을 기부한 상황.

걷기 왕 프로젝트 일주일 차에 접어드는 오늘까지, 독보적인 걷기 왕은 나다. 시골이 오히려 도시보다 걷기 힘든 환경이라고 형제들에게 앓는 소리깨나 했지만, 9월의 민박집 주인장에겐 '비수기'라는 강력한 자원이 있으니. 매일, 8천 보에서 1만 보 정도 걷고 있다. 동생은 '3누이(그애는 누나 셋을 1누이, 2누이, 3누이라 부른다), 술 취해서 막 돌아다니는 거 아냐?', '3누이, 키가 작아서 같은 거리를 걸어도 걸음 수가 많이 나오는 거 아냐?' 등등 의혹을 제기하고, 언니들에겐 '괴물 같은 녀석', '의외로 독종이네', 소리를 듣고 있다. 살면서 이렇듯 질시어린 시선을 받아본 적이 거의 없어서, 요 며칠 사 남매 톡방을 들락거리며 압도적인 걸음수로 으스대고, 오천 보를 겨우 넘긴 형제들을 약 올리고, 기부천사에게 감사하는 재미로 지냈다. 넘사벽 1인자란 이런 거구나, 하나도 외롭지 않네! 감탄하면서.

시험기간에 만화책을 보는 전교 일등처럼, 독보적인 걸음 수와 함께 오늘의 술을 인증하는 즐거움도 쏠쏠하다. 걸으면 걸을수록 술이 고파서, 걷고 나면 꼭 마시게 되는 까닭. 조식 누룽지에 넣을 황태를 버터에 구워 맥주랑 마시고(황태는 원래 누룽지 보다 맥주랑 찰떡이니까), 노을 따라 해안 산책길을 걸어보자며 일수를 부추겨 차까지 끌고 나간 지족에선 바다를 코앞에 둔 장어구이집에 홀려 부두 앞에 차를 버리고 오기도 했다. 장어처럼 기름진 음식은 소주 없이 씹어 넘길 수 없으니까. 활발한 신체활동 후 마시는 술은 정맥주사처럼 흡수력이 빨라 기분이 금세 좋아진다는 게 장점이며, 단점은 운동량과 체중이 비례한다는 것. 걷고, 마시고, 부풀어 오르는, 이 몹쓸 과체중의 고리를 끊기 위해서라도 살살 걸어야 할까 싶지만, 9월의 걷기 왕을 향한 야심은 접어지지 않는다. 비수기엔 걸어서 맥주값이라도 벌겠노라고 이미 현일수에게 선언했고, 일수는 대형견 산책의 의무를 짊어진 성실한 견주처럼 매일매일 걷기 좋은 길로 나를 실어 나르는 중이다. 지난 휴무엔 진주성까지 원정 걷기를 다녀와 1만 5백 보를 기록했다.

남해로 이주한 이후, 형제들과 일 년에 서너 번쯤 보는 것 같다. 그나마도 국내 거주민에 국한된 상봉 횟수이고, 재외국민인 큰언니와는 일 년에 한 번꼴로 상봉 하나 올해는 아예 만나지도 못했다. 걸어도 걸어도, 몇 송이 남지 않은 능소화와 주렁주렁 밤송이를 지나, 단풍이 들고 그 잎이 다 질 때까지 앞으로 앞으로 자꾸 걸어 나가도, 사 남매의 완전체 상봉은 어려울 터. 어쨌든 9월의 걷기 왕 프로젝트는 겨울까지, 어쩌면 종신토록 계속될 테고, 우리는 각자의 자리에서 매일 걷고 걸음수를 인증하며, 안부를 확인할 것이다. 당분간 나의 독주를 막을 사람은 없어 뵈지만, 걸으면 걸을수록 혹사당하는 내 간을 위해, 10월엔 걷기 왕을 양보해도 좋겠단 생각이다.

2020년 9월 17일

만리향 유희

　금목서 향기를 처음 만난 순간을 기억한다. 남해에서 맞은 첫가을이었는데, 동네를 산책하다 짙은 향수 냄새를 맡고 걸음을 멈췄다. 보이는 사람 형상이라곤 들녘에 서있는 허수아비뿐이거늘 인적 없는 농로에 별안간 향수 냄새가 진동하니 너무 이상해서, 주위를 거듭 두리번거리며 킁킁대던 기억이 난다. 그 향기의 진원지가 별사탕처럼 자잘한 노란 꽃이라는 걸 알고 얼마나 감탄했던지. 향 짙은 꽃들이 그러하듯 '만리향'이란 별칭으로도 불리는 금목서는 남쪽에선 꽤 인기 있는 정원수인 모양이다. 집집마다 한그루 씩 키우는지, 9~10월엔 남해 어느 동네를 걷든 그 향기가 진동한다.

　해 저물 무렵, 건초 태우는 연기에 금목서 향기가 한 겹 덧씌워진 들녘을 걷다 보면, 새콤달콤한 과일에 설탕을 우르르

부어 잼을 조리는 이미지가 떠오른다. 어려선 엄마가 잼을 만들 때 참 좋았다. 달콤한 부엌은 김치찌개, 된장찌개 끓는 부엌과는 또 다른 설렘을 주었으니까. 풀떡 풀떡 끓어오르는 딸기 잼을 휘휘 젓던 긴 나무주걱과, 한 번씩 주걱을 들어 올려 흘러내리는 잼의 점도를 체크하던 엄마의 눈빛과, "맛볼래?" 하며 한 숟가락 퍼주던, 뜨겁고 묽은, 잼으로 진행 중인 잼의 시간. 바람결에 매캐한 연기와 함께 실려온 만리향은 먼 기억 속의 과일 잼 같았다. 밤의 해안도로를 따라 걷다 만난 금목서 향기는 엷은 물비린내와 뒤섞여 있었다. 바닷바람이 등 뒤에서 불어오는 까닭인지, 걷는 내내 꽃향기가 그림자처럼 따라붙었다. 별명처럼 만 리까진 아니겠지만, 바람을 타고 꽤 멀리 가는 향인 것은 분명하다. 정주형으로 일생을 사는 나무가 유목형 삶에 대한 꿈을 꽃향기로 피워 올리는 게 아닐까 싶은 생각마저 들었다. 향기를 멀리 보내는 나무일수록 유목에 대한 로망이 짙다고 본다면, 금목서는 가을 내내 먼 세계를 꿈꾸고 열망하는 나무다. 밤의 만리향은 과일청 내지는 시럽 같았다. 차가운 밤공기 때문인지, 냉수를 담은 유리컵 안에 달고 끈끈한 시럽이 서서히 퍼지는 이미지가 떠올랐다.

꽃향기가 밤을 장악할 때면, 내가 나고 자란 면목동의 아카시아 향기가 생각난다. 산등성이가 하얗게 보일 만큼 아카시아 나무가 많아서, 오월 밤엔 방 창문만 열어놔도 아카시아 향기 속에 잠들 수 있었다. 온 세상이 아카시아 껌을 딱딱 씹고 있는 것 같아서, 가끔은 향이 이렇게 시끄러울 수도 있나 싶고, 현기증이 나기도 했다.

아카시아 향기에 대한 가장 그리운 기억은 몇 해 전 초여름, 북악산 산책길에 경험한 '아카시아 펌'이다. 매 계절마다 그 계절의 즐길 거리를 찾아 함께 놀던 선배들과 아카시아 꽃구경 겸 산행에 나섰다가, 얼마 걷지도 않고 숲 속에 자리를 펴고 앉아 도시락과 맥주를 먹었다. 그때 한 선배가, 듣도 보도 못한 아카시아 펌을 제안했다. 잎을 훑어낸 아카시아 줄기로 머리카락을 돌돌 감았다 풀면 구불구불한 컬을 만들 수 있다는 것. 지방 소도시에서 나고 자란 선배는, 봄이 되면 유독 촌아이의 본색을 드러냈다. 길섶에 자라는 쑥만 봐도 반색하며 쪼그려 앉고, "저 꽃 이름이 뭐예요?"라고 물으면 10개 중에 7~8개의 이름을 맞췄다. 나이 차도 얼마 안 나고 비슷한 관심사를 내내 공유해 왔건만, 자연의 품 안에선 우리 사이에 꽤 넓은 간극이 벌어졌다. 선배는 갑자기 반짝반짝해졌고, 나는 그 반짝임에 기대 새로운 이름과 쓰임과 놀이를 익히는 게 좋았다.

맥주를 마시다 말고 별안간 머리에 아카시아 줄기 롯드를 주렁주렁 달게 된 나와, 반곱슬이면 컬이 잘 나올 텐데 생머리라 잘 안될 것 같다고 조곤조곤 압박하며 머리를 말아주던 선배와, 키득대며 그 모습을 찍던 또 다른 선배의 모습이 눈앞에 선하다. 조금 구불구불해진 머리로 산을 내려와 호프집에서 뒤풀이를 하다가, 불과 몇 시간 전의 초여름 숲과 그 숲 속의 야매 미용실을 몹시 그리워하게 될 것 같다는 예감이 불쑥 치받치던 순간도.

걸어도 걸어도 따라붙는 꽃향기를 호흡하며, 걸어도 걸어도 닿을 수 없는 먼 곳의 사람들을 생각한다. 만보를 걸어봤자 소모하는 칼로리는 밥 한 그릇 분량밖에 안 된다는데, 추억의 소모량은 꽤 되는 것 같다. 걷기란 끊임없이 감각하고 기억하는 일이니까.

2020년 9월 26일

참회의 코르크 트리

12월이 되길 기다려 일력에 적었던 시, 안희연의 '12월'은 이렇게 시작한다.

겨울은 빈혈의 시간

피주머니를 가득 매단
크리스마스트리 같은 것만 생각나

저 시를 읽으며 코르크 트리를 생각했다. 올 겨울엔 피주머니가 아니라, 피의 마개 같은 와인 코르크로 크리스마스트리를 만들어야겠다고. 트리를 만들 목적으로 모아둔 코르크 단지엔 먼지만 쌓여갔다. 코르크가 한 말이면 뭐하나, 꿰어야 트리지. 하지만 캐럴을 틀어놓고 트리를 만들 흥이 나지 않아 미루고 또 미뤄오다가, 오늘 아침에야 마음이 동했다. 흥이 아닌, 참회의 마음으로 트리를 만들겠노라고.

참회인 만큼 코르크를 108개만 쌓아 볼까, 캐럴 대신 108배할 때 듣는 '나를 깨우는 108 대 참회문'을 틀어놓고 만들까도 했다. '나는 어디서 왔는가, 어디로 갈 것인가를 생각하지 않고 살아온 죄를 참회하며 절합니다', '집착하는 마음과 말과 행동을 참회하며 절합니다'와 같은 참회의 구절마다 코르크 한 개를 이어 붙이고, 똑-도도도독- 목탁소리에 맞춰 합장하고 반절하는 의식도 생각했으나, 그냥 빙 크로스비를 틀었다. '화이트 크리스마스'와 '징글벨'과 '고요한 밤 거룩한 밤' 같은 캐럴을 들으며, 코르크를 하나하나 이어 붙여 삼각 탑을 쌓아 올렸다.

지난봄, 쑥을 뜯는 틈틈이 숲에서 주워온 편백나무 열매와 요즘 흔히 구할 수 있는 붉은 열매로도 장식은 충분할 것 같아서, 트리를 만들기 위해 구입한 것은 록타이트 하나뿐. "예전에 록타이트, 유명한 카피 있지 않았어?" 현일수가 묻길래, "깨진 사랑도 붙여주는 록타이트?" 하고 대번에 답했으나, 찾아보니 그런 카피는 없었다. 한데, 왜 그 문장이 머릿속에 남아있을까. 분명, 지하철 광고판에서 봤던 것 같은데. 어쨌든 지금의 카피는 '록타이트 401을 쓰면 행운이 착~'인 모양이고 그것도 나쁘지 않다고 생각했으나, 행운이 아니라 손이 착~ 붙어버리는 바람에, 록타이트의 '착붙' 성능만 몸으로 아프게 깨달았다. 순간접착제를 사용하는 작업엔 반드시 수술 장갑 풍의 위생장갑을 착용해야 한다는 것도.

마지막 꼭짓점을 올리고 세어보니 코르크는 총 138개다.

번뇌와 참회가 108을 넘어섰다. 약간 앞으로 기우뚱하게 쌓아 올려, 까딱하면 고꾸라진다. 재료가 와인 코르크라 그런가. 이 트리는 간신히 서 있는 만취자의 형국이다. 와인 코르크 하나의 기쁨과 와인 코르크 둘의 신남과 와인 코르크 셋의 망동과 와인 코르크 넷의 진상을, 숱한 망신의 낮과 밤을 참회한다. 요즘 자주 생각하는 문장, '냉담하지 말고, 지치지 말고(김연수 소설 「일곱 해의 마지막」에서)' 뒤에 이 주문도 붙여야겠다. 냉담하지 말고, 지치지 말고, '만취하지 말고'.

오늘 아침 인터넷 서점에서, 캐럴라인 냅의 「드링킹, 그 치명적 유혹」을 주문했다. 최근, 「명랑한 은둔자」를 재미있게 읽어 관심을 갖게 된 작가인데, 「드링킹」은 알코올 중독자였던 그녀가 20년간 알코올과 격렬하게 사랑하고 집착하다 이별한 이야기라고 한다. 나는 술과 이별할 생각이 없다. 그러나 경미한 알코올의존증에서 알코올중독으로 넘어가는 건 한순간임을 안다. 그러지 않기 위해, 일단 이 책을 읽어볼 생각이다.

2020년 12월 18일

분꽃이 필 때까지 놀았습니다

휴대폰 사진첩을 넘기며 올해의 순간들을 추려봤다. 쑥을 뜯던 봄과 생맥주를 마시던 여름과 매일 걷던 가을이, 각종 꽃과 술과 나무와 열매와 책 사이에 돌올하다. 좋았구나, 신났구나, 저렇게 입을 찢고 웃었으면서, '이 지긋지긋한 코로나의 한 해'라고만 푸념할 순 없겠구나. 일상이 되어버린 공포와 불안 속에서도 어떻게든 즐길거리를 찾고 생활을 바투 잡은 지난 1년의 궤적을 되짚어보며, 애썼다고 스스로를 토닥였다.

각 계절을 대표하는 추억의 사진들을 들여다보다가, 8월의 물놀이 사진을 '올해의 순간'으로 뽑았다. 어린이집도 못 가고 친구도 못 만나 괴로운 여섯 살 조카가, 지난여름 남해에 내려와 며칠 놀고 갔다. 서울과 남해를 오가며 지내던 내 부모님은 올 한 해 안전을 위해 남해 집에만 머물고 계신데, 할머니를 보려면 면목동이 아닌 남해에 가야 한다는 걸 꼬맹이도 알아서, 일 년 내내 "남해 가고 싶어!" 소리를 달고 산다. 할머니를 좋아하기도 하지만 현실적으로 놀러 갈 수 있는 곳이 남해 밖에 없다는 걸, 코로나에 치인 여섯 살 인생도 아는 것 같다. 남해까지 와서 은모래비치 한번 못 가고 마당에 튜브 풀장을 설치해 놀았건만, 아이는 참 신나 했다. 조카를 보러 부모님 집에 한 번씩 가보면, 마당에, 거실에, 그 애의 웃음이 떼굴떼굴 굴러다니고 있어서, 덩달아 신이 났다. 아이가 풀에서 첨벙거리며 노는 모습을 구경하다가 나도 저렇듯 진이 빠지도록 놀고 싶단 생각에, 풀을 두고 가라고 동생에게 부탁했다. 동생 가족이 떠난 뒤에도 부모님 집 마당엔 조카가 놀던 풀이 남았고, 나는 아주 뜨거운 여름날을 잡아 일수에게 휴가를 요청했다. 그날은 일수가 입실 안내까지 책임지기로 하여, 물놀이 용품(래시가드, 블루투스 스피커, 단편소설집, 맥주)을 챙겨 오후 2시, 나만을 위한 풀장이 개설된 집으로 갔다.

마당에선 아버지가 풀에 물을 받고 있었다. 그늘이 필요할 거라며 풀장 위로 차광막도 설치해줬다. 나는 옷을 갈아입고, 전날 밤에 담아둔 '여름, 물놀이' 폴더의 노래를 틀고, 아이스텀블러에 500㎖ 캔맥주를 가득 따라 빨대를 꽂았다.

풀에 들어갔다. 처음 한 발 들였을 땐 조금 차가웠지만, 이내 뜨거운 여름 볕에 데워져 적당히 시원했다. 출렁이는 노래와 몸을 움직일 때마다 수면에 찰랑이는 여름 볕. 엄마가 따끈한 홍합 전을 부쳐 내왔다. 빈 맥주캔을 확인한 엄마는 많이 마시지 말라고 하면서도 새 맥주캔을 또 내오고, 이따금 거실 창문을 열고 마당을 내다봤다. "왜 자꾸 쳐다봐?" 물으니, "우리 막내딸 술 먹다 잠들면 물에 빠질까 봐"라고 답하길래, 조카처럼 첨벙첨벙 물장구를 치며 나의 건재함을 알렸다. 아직 부모님 슬하에 있다는 게 새삼 기뻐서, 눈물이 찔끔 났다.

조카처럼 물총 놀이까지 할 순 없어서 반신욕 자세로 남은 맥주를 마시며 책을 읽었다. 여러 작가의 단편을 모은 「시티 픽션, 지금 어디에 살고 계십니까?」라는 소설집이었는데, 종묘를 소재로 한 정용준의 '스노우'가 흠뻑 좋아서, 이 감정이 약간의 취기 때문인지 정말 이 소설이 그렇게 좋은 건지 나중에 맨정신으로 다시 읽어 확인해보자 생각했지만, 물놀이 이후 다시 읽진 않았다. 정용준의 소설이 끝나자 이주란의 소설이 시작됐는데, 하필 제목이 '별일은 없고요?'여서 그 페이지에 한참 붙들려 있다가, 그 순간을 꼭 남겨야겠단 생각이 들어 독서 인증샷을 찍었다. 차광막을 투과한 햇살이 어룽대는 책장과 엄마의 꽃밭에서 번져온 로즈메리 향과 분꽃 향. 사실, 그 달콤한 향기가 분꽃 향이라는 것도 엄마에게 물어보고야 알았다.

"분꽃이야. 오후 4시쯤 피는 꽃이라, 분꽃이 필 쯤 울 엄마도 보리쌀을 앉혔는데. 놀다가도 분꽃이 피면 저녁밥 먹을 때가 됐구나 알았지. 저녁 먹고 가. 닭죽 해줄게."

젖은 손으로 페이지를 넘기는 바람에 책장은 약간 우글쭈글해졌고, '별일은 없고요?'라는 안부인사에 답해야 할 거 같아서, 소설은 안 읽고 휴대폰 메모장을 열어 이런 말들을 적어두었다.

지짐 냄새가 고소합니다.
맥주가 알맞게 시원합니다.
곧 닭죽을 먹을 겁니다.
술이 '물에 가둔 불'이라면,
오늘의 여름은 물에 가둔 볕입니다.
나는 오늘 엄마 앞에서,
분꽃이 필 때까지 놀았습니다.

2020년 12월 31일

걷지 않은 계절은
봉인된 편지 같아서

　1월은 책장에 꽂아둔 채 한 번도 펼치지 않은 책처럼 먼지만 쌓여갔다. 유일하게 즐기는 신체활동이 걷기이거늘, 한 달여 산책 없이 지냈다. 걷지 않은 계절은 봉인된 편지 같아서, 이따금 편지 내용이 궁금하기도 했으나 편지 자체를 묻어두고 지냈다. 세상엔 절대 맞짱 뜨고 싶지 않은 서슬 퍼런 상대가 수두룩하고 그중에 제일은 한파라, 이 추위가 가시기 전엔 난방 텐트 밖을 나가지 말아야겠다, 싶기도 했다.

　침대 위에 전기장판을 깔고 난방 텐트를 설치한 이후, 누룽지를 끓이거나 끼니를 챙기는 최소한의 활동 시간을 제외하곤, 거의 난방텐트 안에서 지내는 것 같다. 그 안에서 읽고, 보고, 잔다. 남해에서 처음 경험해본 놀라운 한파도, 난방 텐트 덕분에 잘 견뎠다. 그리 넓지도 않은 단칸방에 텐트까지 치니 방 꼴이 말이 아니지만, 이것은 나름 '룸 인 룸'이 아닌가 싶어 피식-웃음이 나기도 한다. 일수와 다툼 후 문을 쿵- 닫고 나가는 대신(나가도 갈 데가 없으니), 텐트 안으로 쏙 들어가 지퍼를 확- 내릴 수 있는 것도 좋다. 에스키모인들은 화가 나면 그 화가 풀릴 때까지 걷고 또 걷다가 마음이 사그라든 자리에 긴 막대를 꽂아놓고 돌아온다는데, 나는 이글루 같은 난방 텐트 안으로 들어가 지퍼를 거칠게 내려 닫고 전기장판에 녹아 잠드는 것으로 화를 누르곤 했다. 그런 잠의 꿈속에서 하염없이 걸었던 적도 있지만, 꿈속에서 걷는 것만으론 마음도, 몸도 풀리지 않았다. 사실, 마음보다 몸이 문제였다. 장시간 누워 지낸 끝에 식도염과 어깨 통증이 재발했고, 몸이 불쾌하니 마음도 자주 불쾌해졌다.

모처럼 산책을 목적으로 차를 타고 나갔다. 동천리에 콕 박혀 살다 보니 시티뷰가 고프기도 하여 행선지는 남해읍으로 결정. 도심공원인 봉황산 나래숲에 갔다. 지난가을 끝자락에 그 숲을 거닐며 좋았던 기억이 있다. 볕이 따뜻한 날이었는데, 소나무도 근사하고 오솔길도 포근포근하고 부채춤을 추는 듯한 종려나무가 흥미로웠다. 남해에 둥지 튼 지 3년이 다 되어가건만, 솔숲에서 만나는 종려나무는 여전히 낯설고, 혼자 다른 계절의 옷을 입은 사람 같은 그 느닷없는 존재감이 퍽 마음에 든다. 삶터이긴 하나 여행지 느낌으로 남해를 만나고 싶다는 바람이, 익숙해지지 않는 종려나무 앞에 유효한 까닭이다.

이번에도 볕이 좋았다. 주머니에서 손을 빼고 앞뒤로 크게 흔들며 걷고 싶어서 손모아 장갑까지 끼고 갔거늘, 중간에 장갑을 벗었다. 바람이 새어 들 틈을 주지 않기 위해 턱밑까지 채운 롱 패딩점퍼도 열어젖혔다. 법흥사 쪽으로 내려오다 보면 남해성당 지붕과 법흥사 지붕이 한눈에 들어오는 오솔길을 지나게 되는데, 짧은 구간이지만 산책길 중 만족감이 가장 큰 길이었다. 성당 지붕과 절 지붕이 한 프레임에 담겨 평화롭고, 이에 시티뷰(아파트와 병원, 건물과 주택가가 보인다. 논밭과 대숲만 보고 살다 보면, 그런 풍경이 그립기도 하다)가 더해져 심심치 않다. 무엇보다 신발을 벗어 들고 반짝이는 냇물을 찰박거리며 건너듯, 장갑을 벗어들고 온유한 빛으로 가득한 숲길을 걷는 게 좋았다. 반드르르한 동백잎이 반짝여 눈이 부셨다. 오늘은 이 장면 하나로도 충분하다는 기분. 도무지 읽을 마음이 나지 않던 「1월」이란 책을 꺼내 후루룩 넘기다, 운 좋게도 아름다운 문장이 적힌 페이지를 펼친 것 같았다.

2021년 1월 20일

첫 매화

 2019년 봄에 심었던 매화나무에 드디어 꽃이 폈다. 2년 만에 터진, 첫 매화다. 삼천포 5일장에서 사 온 청매 묘목은 지팡이 반 토막만 한 작대기에 불과했다. 작대기 끝에 뿌리 덩어리가 있으니 나무인가 보다- 했을 뿐, 나무를 심은 건지 작대기를 꽂아둔 건지 구분할 수 없는 형상으로 첫 봄을 함께 했다.

 그래도 좋았다. 남해에서 맞은 첫 봄이었고, 집에 매화나무를 들였다는 것만으로도 귀촌 로망의 일부를 실현한 셈이었으니까. 사실, 그 로망의 완성형은 매화나무를 심은 뒤 매화가지 아래 평상을 두는 것이고, 꽃이 피면 거기 앉아 술 마시는 것이고, 바람이 불면 별안간 술잔에 매화꽃잎이 동동 떠있는 것이고, 꽃잎을 후후 불어가며 남은 잔을 마시는 것이지만, '매화가지 아래 평상…'부터의 로망은 영 실현 불가능하다. 매화나무를 심은 자리가 그 이유인데, 주변에 평상을 둘만한 땅이 없다. 화단 옆에 목욕탕 의자 같은 것을 놓고 옹색하게 앉을 순 있겠지만, 만약 그 자리에 그러고 앉아 술을 마신다면 앞집 아주머니와 건넛집 이장님이 오며 가며 "거기서 뭐하는데?"라고 의아해하실 테다. 불콰한 얼굴로, 꽃이 펴서 술 마십니다, 하하하! 할 배짱은 없으니, 로망은 로망으로 간직할 따름이다. 봄에 심은 작대기가 여름을 통과하며 맹렬한 기세로 가지를 뻗고 잎을 달던 2019년 여름도 좋았다. 고승이 툭─ 꽂은 지팡이가 아름드리나무로 자랐다, 는 식의 숱한 전설을 이해하게 된 계기랄까. 더 이상 작대기도 지팡이도 아닌, 무성한 초록 이파리를 반짝이는 어엿한 나무 형상을 보며, 이듬해 봄에 만날 매화에 대한 기대감이 부풀었다. 하지만 2020년 봄, 청매는 꽃을 건너뛰고 잎만 달았다.

매화는 이른 봄의 꽃나무들이 그러하듯, 잎을 달기 전에 꽃을 먼저 터뜨린다. 봄꽃의 개화엔 유독 '터지다'는 표현이 착 붙는다. 긴 겨울 끝에, 기다림을 차곡차곡 쌓은 끝에 만나서일까. 장미나 작약 같은 초여름 꽃은 신록 속에 '피어나'고, 매화, 산수유, 벚꽃, 목련은 오래 참은 말과 재채기처럼, 앙상한 가지에 터지고 번진다.

아침나절 새들의 지저귐과 경운기 돌아가는 소리가 제법 분주하다. 올봄엔 유독 두꺼비를 자주 보는데, 길 한복판에서 짝짓기에 돌입한 두꺼비 한 쌍을 발견하기도 하고, 로드킬 당한 두꺼비 사체를 수습하기도 한다. 두꺼비가 남긴 검붉은 핏자국으로부터 열댓 발자국 지나, 청매는 다문다문 첫 꽃을 터뜨렸다. 그렇게 이 봄의 소란에 한몫 가담했다. 말문이 늦게 터진 아이가 참았던 말을 한꺼번에 쏟아내듯, 수다스러운 꽃나무가 되길 바란다. 꽃은 향기로 말을 건네니, 한참 와글와글해도 좋겠다. 달고 더운 숨을 훅훅 토해내면 좋겠다. 하지만 아직은 말 수 적은 꽃.

이웃 어르신이 매화 앞에 휴대폰 카메라를 들이대며 분주한 우리를 보고, 꽃이 피었는가?, 물으셨다. 잘 뵈지도 않는 꽃을 가리키며, 네! 매화가 폈어요! 답했다.

가까이, 매우 유심히, 들여다봐야 보이는 몽도의 첫 매화.

2021년 2월 25일

꽃 몸살

요즘, 우리 마당에서 내가 눈여겨보는 식물은 말발도리다. 삼천포 오일장에서 수선화, 라넌큘러스, 캄파눌라와 함께 데려왔는데, 꽃도 안 보고 고른 건 말발도리가 유일하다. 화사한 봄꽃들 속에 존재감은 희미했지만, 작은 잎사귀 사이에 점점이 맺힌 하얀 꽃봉오리를 보는 순간 느낌이 왔다. 꽃이 피면 얘, 엄청 귀엽겠구나. 일단 이름을 알고 싶어서 꽃 사장님과 눈이 마주치기만 기다렸으나, 화창한 봄날의 꽃시장은 꽤 활기찼다. 여기저기 봄꽃처럼 터져 나오는 질문들-이름이 뭐예요? 물 많이 줘야 해요? 얼마예요?-에 답하며 거스름돈을 꺼내고 꽃모종을 담느라 바쁜 사장님과의 아이컨택에 번번이 실패하고 이름 모를 잔잔바리 앞에 쪼그려 앉길 수차례 반복하던 중, 지나가던 행인이 나를 구원했다.

"걔, 참 예쁜 꽃이에요. 말발도리."

마스크를 쓰고도 온화한 인상을 감추지 못하는 꽃 박사님은 내 마음을 읽은 듯, "잘 자라요!"란 말까지 덧붙이셨고, 이에 더 이상 망설일 필요가 없었다.

봄과 함께 우리 집에 온 꽃들은, 오자마자 호되게 몸살을 앓았다. 태풍급 비바람이 몰아치던 밤. 수선화는 목이 하나 꺾였고, 선반에 올려둔 캄파눌라는 화분째 날아갔다. 화분이 깨지지 않아 다행이라 여겼으나 흙덩이리째 화분에서 쑥 빠져 내동댕이쳐진 캄파눌라는 한동안 시름시름했다. 사고가 나자마자 바로 수습해 별 탈 없으리라 여겼건만, 화분 가득 피어있던 보라색 꽃들이 축축 늘어지고 말라갔다. 아마 교통사고 후유증 같은 걸 앓았던 모양이다. 며칠이 지나도록 영 정신 못 차리는 꽃을 보며, 왜 이리 나약한 거야! 짜증을 내다가(부끄럽지만, '본전'을 생각했다. 캄파눌라는 올봄에 데려온 꽃들 중 가장 비쌌다), 캄파눌라가 당한 일을 내 몸에 대입해보고서야 볼멘소리가 쑥 들어갔다.

그 와중에 무사했던 건 말발도리. 땅에 붙어있다시피 한 잔잔한 몸체라, 바람의 폭격을 덜 받았으리라. 꽃이 몇 개 열리던 참이었는데, 거친 바람에 놀라서일까. 며칠 꽃을 열지 않고 잠잠했다. 하긴, 옆자리 수선화는 목이 꺾이고, 위층 캄파눌라는 대형 사고의 충격으로 시름시름 앓고 있는데, 저 혼자 만발할 일인가. 눈치와 염치가 있는 이 꽃이, 더 마음에 들었다.

사고로부터 일주일쯤 지나 캄파눌라는 컨디션을 차츰 회

복했고, 말발도리도 거침없이 꽃 피우는 중이다. 회복기에 마침, 봄비다운 봄비를 맞기도 했다. 봄비가 자분자분 내리던 날. 일수는 청소를 하다 말고 하늘이 가려지지 않은 마당 쪽으로 꽃화분들을 조르륵 내놓으며 "빗물 보약 먹자!" 했다. 빗소리 들으니 지글지글 고기 굽고 싶고, 빗물처럼 찬 소주를 마시고 싶단 생각부터 드는 내 옆에, 적어도 나보단 초록 지수 높은 반려가 있어 다행이다, 생각했던 순간.

꽃과 나무를 좋아하지만, 우리 집 화분과 화단을 돌보는 건 현일수다. 돌봄 노동 없이 꽃과 나무를 '완상'만 하는 내 태도엔 문제가 있음을 안다. 앎이 곧 행동의 변화로 이어지는 것은 아니어서 아직까진 바라보기만 하나, 그래도 이름을 부르고 말 거는 건 잊지 않는다. 너의 트라우마를 헤아리지 못해 미안하다, 캄파눌라야. 작지만 속이 꽉 찼구나, 도리를 아는 꽃, 말발도리야. 환한 연녹색 이파리 속에 작고 하얀 꽃이 종알종알 피는 말발도리는, 내가 좋아하는 초여름 꽃들의 전형적인 모양새다. 찾아보니 개화시기가 5~6월이던데, 올해는 모든 꽃이 빠르니까.

해마다 돌아오는 꽃들이 여느 해보다 이르게 돌아온 봄이지만, 우리 마당엔 영영 돌아오지 못한 꽃도 있다. 두 번의 봄을 함께 한 천리향이 죽었다. 향 짙은 꽃나무 중에서도 유독 좋아해, 내 딴엔 제법 욕심을 부려 데려왔던 꽃나무다. 환한 봄날, 죽은 꽃나무를 바라보는 일은 마음에 마른 우물 같은 구멍을 파는 일. 봄이 다 가기 전에 죽은 나무를 뽑고 다른 꽃나무를 심자 했으나, 그 구멍에 향기의 기억이 고인다. 레몬 같고 생강 같은, 새콤달콤 알싸한 향. 비로소 우리 집에 돌아왔구나, 싶었던 향. 봄밤, 집 밖으로 떠도는 마음을 집안으로 들어 앉히던 향. 깻잎처럼 톡톡한 이파리를 돋우며 생생하게 살아난 수국 화분 뒤로, 마른 가지만 앙상한 천리향 화분을 숨기듯 두었다. 구멍을 바로 메우진 못하겠다.

> 무언가 생겨난다는 것은 또 슬픈 일이 될 게 분명하다
> 지금까지의 생이 그랬으니까
> 함께했던 시간들이란 얼마나 넓은 감옥이 되는가
>
> - 이승희 산문집,
>   「어떤 밤은 식물들에 기대어 울었다」에서

2021년 4월 10일

딸기밭이여 영원하라

　대문 앞에서 내 이름을 부르는 이웃이 생겼다. 옆집 아주머니가 "일수야, 일수야!" 하고 현일수를 다급히 찾거나, 이장님이 "몽도! 몽도!" 하고 우리를 호출하는 일은 종종 있었지만, "우정, 우정!" 하고 내 이름을 다정히 부르는 사람은 처음이다. 우정아-가 아닌, 끝을 약간 경쾌하게 올리며 우정!-이라 호칭하는 이 사람은, 유일한 '동네언니', 탑마트 사장님이다. 현일수와는 동갑이라 서로 일수 씨, 미자 씨, 라 부르지만, 나보단 한살 위라 부드럽게 언니! 우정! 하는 사이가 됐다.

　이쯤에서 75년생 현일수 씨는 왜 그냥 일수고, 75년생 심미자 씨는 미자 언니인가, 일수 입장에선 공평치 않게 느껴질 수도 있으나, 정인끼린 서로 이름을 불러야 정이 돈독해지는 법이라고, 연애시절부터 결혼생활 내내 강조해왔던 바다.

위로 언니만 둘에, 오빠-라 부르며 왕래하는 사촌도 없어, 오빠- 소리를 발음해보지 못하고 컸다. 여중, 여고를 나와 대학에 가서야 나보다 나이 많은 남자들을 구경하게 됐으나, 남자 선배를 오빠라 칭하는 분위기는 또 아니어서, 대학시절 남선배들은 그냥 '선배'라 불렀다. 한데 그때도 여선배들에겐 '언니' 소리가 자연스레 나왔으니, 그만큼 '언니'는 입에 잘 붙는 호칭이고, 내가 좋아하는 단어 중 하나다.

이장님을 도와 마을 대소사를 살뜰히 챙기는 미자 언니는 딱 홍반장 스타일이다. 마트 일만도 바쁠 텐데 농사도 짓고, 농사일만으로도 바쁠 텐데 마을 어르신들을 병원에 모시고 가거나 어르신 대신 택배를 부치러 농협에 나타나는 식이다. 동에 번쩍 서에 번쩍 하는 언니라, 몽도에서 동천 다운타운(마트와 식당과 카페와 의원과 약국과 금융권이 모여 있는 동네)까지 걸어가는 13분 남짓한 시간 동안, 쌩-가고 쌩-오는 그이를 두 번이나 마주친 적도 있다. 누군가 자동차 경적을 울리며 "우정!" 하고 불러 돌아보면, 미자 언니가 차창 밖으로 손을 흔들며 지나갔다. 한 번은 그렇게 나를 지나치다가 "우정, 타!" 한 적 있는데, 집에 거의 다 왔음에도 냉큼 그 차에 올라탔다가, 집을 지나쳐 물건항 마리나리조트에서 커피를 마시고 온 적도 있다. "이렇게 날도 좋은데 그냥 집에 들어가긴 아깝잖아. 우정, 오늘은 내가 널 납치해야겠어!" 하는데, 심쿵-할 건 또 뭐람. 밭에서 일하다 온 언니는 작업복에 흙투성이 장화 차림이었는데, "난 장화 신고 리조트 가서 커피 마신다!"라며 동천리 스웨그를 뿜뿜 했고, 난 그 모습이 귀여워서 '내 마음속에 저장!'을 속으로만 외쳤다.

오늘, 대문 앞에서 우정, 우정! 부르는 언니의 손엔 딸기 한 소쿠리가 들려있었다. 텃밭에서 방금 딴 딸기는 뜨거운 볕에 달궈져 미지근했다. 과육果肉이라 부를 때의 '육'이 실감 나는 온도. 물에 씻다 물크러진 부분을 조금 떼어내니, 피처럼 붉은 물이 금세 손끝에 배어들었다. 일정하지 않은 크기로 제각각 자기주장이 강하게 생긴 텃밭 딸기는, 씨가 억세 입안에서 깨처럼 톡톡 씹히는 맛이 즐거웠다.

딸기에 대한 생애 첫 기억은 외할머니의 텃밭이다. 할머니 슬하에서 자란 게 네 살부터 여섯 살까지이니, 그즈음의 기억이겠다. 찰랑찰랑 물이 담긴 작은 바구니를 두 손으로 들고 할머니를 따라 딸기밭에 갔는데, 물을 쏟을까 봐 밭고랑을 조심조심 걷던 게 생각난다. 할머니는 딸기를 따서 큰 바구니에 담다가 내 작은 바구니에도 퐁당퐁당 던져주셨고, 난 그걸 샤샤샥 헹궈 바로 입에 넣었다. 딸기를 따자마자 씻어먹을 수 있도록, 아이에게 작은 물바구니를 들려 밭에 데려갔던 할머니의 지혜는 지금도 감탄스럽다. 밭일과 육아를 동시에 해결하신 것. 할머니가 종종 쓰던 표현대로, 참 '꾀가 맑은' 분이셨다. 내 바로 위 언니와 나는 그 꾀 맑은 할머니에게 한글을 배웠다. 큼지막한 달력 뒷장에 가, 갸, 거, 겨…를 적어 놓고 따라 그리게 하셨는데, 'ㅇ'을 동그랗게 잘 그린다고 칭찬 받았던 생각도 난다. '낫 놓고 ㄱ자도 모른다'는 속담도 그 시절 할머니에게 배운 말. 어린 손녀딸들의 한글 공부를 독려하기 위해 꺼내든 카드였을 것 같다. 할머니가 자주 쓰던 단어와 농담은 내 언어의 일부분이다. 질문이 폭발하던 시기의 어린 조카가 "왜요? 왜요?" 자꾸 묻길래 나도 모르게 "왜요는 일본 요가 왜요지!" 했는데, 그 순간 내 언니는 잊지 않고 "왜가리 똥구녕!"을 외쳐 둘이 자지러지게 웃었던 적이 있다. 나보다 어린 시절 기억력이 출중한 작은언니의 증언에 따르면, 할머니는 이따금 'ㆍ(아래아)'를 사용했고, 한글을 '언문'이라 부르셨다고 한다. 할머니 생전, 엄마와 이모는 종종 장난스럽게 "엄마도 3.1운동 때 만세 불렀어?" 하고 물었는데, 그때마다 할머니가 유관순 열사와 같은 시대 사람이라는데 새삼 놀라곤 했다. 나는 일제 강점기와 한국 전쟁을 통과해온 1908년생 정간난 여사님께 한글 자음과 모음을 배우고 유치원에 입학한 사람. 할머니와의 시간은 내 열여덟 살로 끝났지만, 어떤 말과 장면들은 오늘까지 맞닿아 있다.

지금도 딸기를 씻을 때면 바구니에 찰랑찰랑 담긴 물과 수면에 어룽대던 볕과 그 속으로 퐁당퐁당 뛰어들던 딸기가 떠오른다. 그때의 딸기도 뜨거운 볕에 달궈져 따뜻했고, 손끝과 입술에 붉은 물이 들만큼 빨갰다. 빨가면 딸기, 딸기는 맛있어, 맛있으면 퐁당, 물에 씻어 바로 먹고, 또 먹고, 자꾸 먹고, 세월이 흘러도 잊지 않는다. 비틀스 노래 중 내가 제일 좋아하는 노래가 'Strawberry Fields forever'인 이유도, 생애 첫 딸기의 추억과 무관하지 않을 것이다.

2021년 5월 13일

2부 민박집 생활사

초속 3미터의 바람

 짱돌 말고, 부싯돌도 말고, 물수제비 뜰 돌이나 고르며 살게 해 주겠노라 허세 부리고 싶었다. 적도 없고, 주린 배도 없는, 유희만 있는 삶.

 현일수와 동갑내기인 손님이 여러 날 묵고 갔다. 매일 저녁 우리 부부와 나눌 일용할 양식을 들고 귀가하는 통에, 그가 봉다리를 부스럭거리며 들어오면, 오늘은 무얼 먹게 될까 궁금했을 정도. 같은 해에 태어나 순조롭게 아저씨가 된 두 사람(세월의 발톱이 더도 말고 덜도 말고 딱 정직하게 할퀸 얼굴들)의 대화를 듣다 배를 잡고 웃은 대목이 있다. 두 사람 다 아침에 일어나면 날씨앱으로 풍속을 체크한다는 것. 현일수의 경우, 옥상에 이불을 널어도 괜찮을지 상황을 보느라(최근, 강풍에 빨랫줄이 끊어지면서 이불이 사방팔방 날아갔더랬다), 한때 패러글라이딩 선수를 꿈꿨던 손님은 하늘을 날던 습관 때문에. 어쨌든 두 사람 다 하루의 돛을 올리며, 바람의 방향과 속도를 체크한다.

"오늘은 초속 3~4m의 바람이 부니, 이불이 안정적으로 마르겠어!"라고 좋아하는 현일수. 물수제비 뜰 돌이나 고르며 살게 해주고 싶지만, 이번 생엔 틀린 것 같다.

2019년 1월 27일

우리는 폭염 중에
민박집 하나를 열었네

'여관'이란 단어를 좋아한다. 복사꽃 필 무렵 취생몽사 주를 들고 찾아오는 오랜 친구, 맹인검객, 달걀 바구니를 든 소녀를 맞이하는 일이 여관집 주인장이 감당해야 할 노동의 전부인 줄 알았던 어린 시절엔, 감히 여관집 주인을 꿈꾸기도 했다(이게 다 〈신용문객잔〉과 〈동사서독〉을 보고 자라서다). 사막에 여관을 열진 못했지만 대밭 뷰, 논밭 뷰만 펼쳐진 시골에 민박집을 차렸으니, 꿈은 얼추 비슷하게 이루어졌다고 봐야 하나.

귀촌 8개월. 심심하진 않느냐는 질문을 간혹 받곤 한다. 그때마다 한 호흡 쉬고 답한다. 아니요, 제 인생에 이렇게 역동적이고 자극적인 날들은 처음입니다만. 집이 곧 영업장이 되는 민박집을 운영하며, 다양한 경험을 쌓고 있다. 흥미로운 것도 사실이며, 힘이 부치는 것도 진실이다. 나는 어쩌다 민박집 주인이 되었나 곰곰이 생각해보다가, '여관'에서 실마리를 찾아본다. 오래전, 내가 부려놓았던 말들이(주로 술 마시며 떠들었던 말들이) 이렇게 돌아온다고 신기해하며. 이래서 말이 씨가 된다고 하나. 말의 힘을 믿는다. 발아發芽로 이어지는 발화發話의 마법을. 그러므로 어떤 꿈은 적극 발설해야 할 것이며, 절대 발설해선 안될 꿈도 있는 것이다.

좋아하는 시인들의 시집을 쌓아놓고, 제목에 '여관'이 들어가는 시만 찾았다. '여관'이 스민 시를 읽으며, '몽도 시즌 2'에 대한 구상을 정리 중이다. 먼저, 소규모 민박집에 어울리도록 투숙 가능인원을 줄일 것이며, 늘 체증처럼 얹혀있던 취약한 시설의 틈을 우리가 할 수 있는 최선으로 메울 것이다. 고요한 쉼이 있는 북스테이로서의 정체성을 강화하는 게 시즌 2의 골자. 지속 가능한 민박집 운영을 위한 변화를 시작하려고 한다.

> 12월 28일이었지, 겨울 폭풍이 온 날
> 우리는 폭풍 속에 여관 하나를 열었네
> 나무들이 뽑힌 자리에 지붕이 날아간 자리에
> 우리는 여관을 열어 잠시의 몸을 의탁하고 있었네
> 서로 안고 있었지 젖은 강아지 한 마리 머루 같은 눈을 하고
> 우리 품 안에서 떨고 있었지
>
> - 허수경, '폭풍여관, 혹은 전투 전야'에서
>   「빌어먹을, 차가운 심장」 수록

2018년 7월 6일이었다. 여름 한 날, 우리는 폭염 중에 민박집 하나를 열었다. 이야기는 이렇게 시작됐고, 목하 진행 중이다.

2019년 2월 2일

소주는 입장할 수 없습니다

 게스트하우스 내 소주 섭취를 금하기로 결정했다. 이건 정말이지 우리 부부에게, 너무 뼈아픈 결심이다. 음주를 아예 금하는 것도 아닌데, 맥주는 되고 왜 소주는 안되나? 왜? 왜? 왜? 자아가 분열하는 줄 알았다. 하지만 소주는 술을 부르는 술이며, 제어할 수 없는 흥의 발화점이며, 입에 착 달라붙는 소맥의 핵심 원료. 기실, 소주는 독주를 대표하는 이름일 뿐, 소주 도수를 웃도는, 모든 술의 입장을 금할 것이다. 보드카, 위스키, 럼, 고량주… 다 아니 된다. 차를 드시는 건지 술을 드시는 건지, 소주 일 병 절도있게 마시는 손님이 대부분이었고, 손님들과 나눈 소주 일 잔의 다정한 추억도 수두룩하다. 추억은, 아니 소주는 방울방울이다. 그러나 별채 방란장은 북스테이 몽도의 상징적인 공간. 북카페 정도의 긴장감을 지키며 운영하고자 한다. 누군가는 책을 읽으며 홀로 맥주를 마실 수도 있고, 또 누군가는 책장을 덮고 친구와 이야기하다 빵과 차를 나눌 수도 있을 것이다. 도서관 같은 고요를 꿈꾸는 것이 아니라, 북카페 정도의 긴장과 이완을 유지하겠다는 의미다.

어쩌다 내가 소주를 배척하게 되었나, 가슴이 저리다. 지속 가능한 민박집 운영을 위한 고육지책에, 찬 소주 한잔 생각나는 밤. 소주는 안 취하는데, 술은 사람이 취하는 건데. 날카로운 25도 시절부터 벗해온, 이제는 꽤 순한 16.9~17.5도의 소주. 반짝이는 그 초록색 몸체를 비상구 유도등처럼 바라보던 숱한 밤. 너는 그렇듯 내 깜깜한 삶의 EXIT 알코올이었거늘. 그저 맑디맑은 너에게, 미안하고 또 미안하다. 다음 생에도 이 땅에 애주가로 태어난다면, 민박집주인으론 너를 만나지 않겠다. 다시는 차별하지 않겠다.

+ 게스트하우스 내 소주 섭취 금지는 '고요는 도망가지 말아라' 캠페인을 진행해온 몽도 시즌2의 새 규정 중 하나다. 술 좋아하는 주인장의 기운이 술 좋아하는 손님들을 불러들였을까. 음주로 비롯된 자잘한 분란을 겪으며, 현일수는 술이 다 지겨워질 지경이라 한탄했고, 나는 젊은 날 술로 저지른 내 죄가 벌로 돌아온 것 같아 마음이 무거웠다. 사실, 그리 심각한 일들은 아니었으나, 앞으로 큰 소란이 일어날 전조 같아 매우 불안했다. 그 분란의 씨앗을 도려내고자, 몽도 안에선 소주를 비롯한 소주 도수 이상의 독주 반입을 금하고, 독서력을 유지할 만큼의 가벼운 음주만 허용하고 있다. 알코올도수로 맥주가 통과된다 하여, 목젖을 열고 부을 만큼의 양을 쟁여두고 술판을 벌이는 건 불가능하다.

2019년 2월 3일

삼천포 감성 라이더

바이크 타는 손님을 솔찬히 본다. 그들은 입장부터 다르다. 소리로 온다. 동천리 논밭 사이를 가로질러온 육중한 엔진 소리가 집 앞에서 멈춘다. 헬멧을 쓴 실루엣이 걸어들어온다. 손님의 얼굴을 볼 때까지 시간이 좀 걸린다. 신발을 벗을 때도 시간이 좀 걸린다.

몽도에 깃든 일곱 번째 감성 라이더. 야마하 MT-07(일명 땡칠이)을 타고 온 병준 씨. 우리 부부가 가끔 시내 구경 및 쇼핑을 위해 놀러가는 이웃 도시 삼천포 청년이라 더 반가웠던 병준 씨는, '지금까지 이런 감성은 없었다, 이이는 시인인가 라이더인가'를 중얼거리게 만들었다. 한밤중, 집 앞에 세워둔 땡칠이에게 커버를 씌우고 와선 "내만 이불 덮고 잘 수 있나요" 하질 않나. 라이딩 도중 식당에서 혼자 끼니를 챙기고 땡칠이에게 돌아가면 '내만 묵고 왔네…' 싶어 미안하다는 사람. 그가 바이크를 타는 이유는 간명하다. 설렘, 그것 하나.

그간 몽도를 찾은 라이더들을 지켜보며, 모터사이클 여행의 주요한 특징 하나를 알게 됐다. 이 여행엔 목적지가 중요하지 않다. 어디를 가기 위해서가 아니라, 오로지 달리기 위한 여행. 길 위의 시간, 여정이 전부인 여행이다. 차는 그냥 운송수단 같아서 가슴 뛰지 않는다는 이야기를, 7명의 라이더 중 누군가에게 들었다. 지금까지 지켜본 바, 라이더에게 실용은 부차적이다. 라이더로서의 삶엔 설렘이 주 동력이다.

악기 회사에서 만든 오토바이라니, 땡칠이는 혹시 엔진 소리가 다를까 귀 기울여 봤으나, 뭐가 다른지는 모르겠다. '기타로 오토바이를 타자'던 노래는 혹시 야마하와 관계가 있을까. 일곱 번째 감성 라이더 덕분에 오랜만에 꺼내 듣는 산울림. '언젠간 가겠지 푸르른 이 청춘, 지고 또 피는 꽃잎처럼…'을 지나, '그대 떠나는 날에 비가 오는가…'로 흐르는 중. 라이더가 떠난 후, 진짜 비가 오려는지 먼 하늘이 우르릉 쾅쾅거리고 잔뜩 흐렸다. 삼천포 청년의 '무복(무사복귀)' 문자도 받았으니, 이제 걱정 없이 즐겨도 될 봄비.

2019년 4월 7일

책담

　숙박채 거실 중앙에 배치한 낮은 책장은 주인장 공간과 손님 공간을 구분 짓는 일종의 울타리다. 이름하여 '책담'. 책으로 담장을 쌓고 그 안과 밖에 각자 자기만의 시간을 흐르게 하니 책담이며, 책을 매개로 이야기를 나누게 되니 그 또한 책담冊談이다.

　몽도를 운영하며 가장 힘든 점 중 하나가 사적 공간의 부재다. 집을 영업장 삼은 민박집의 서글픈 운명이랄까. 몽도는 전통적인 방식의 민박집이다. 총 네 개의 방이 딸린 숙박채에 손님방을 세 칸 내고, 우리 부부는 방 한 칸을 쓴다. 숙박채 입구 웰컴보드에 '오늘의 몽도는 한 지붕 00 식구'라 적는 이유도 그것. 다정한척 하는 게 아니라 이게 팩트다. 한 지붕 아래 잠들고 한 솥에 끓인 누룽지를 먹으니 '식구'라 부를 밖에. 만실일 경우,

주인장 부부를 포함해 '한 지붕 열한 식구'라 적게 되는 날도 있는데, 자식도 낳지 않고 반려동물도 키우지 않는 우리가 이렇듯 대가족을 이루고 산다는 데 문득 소스라쳐, 판서를 하다말고 분필을 떨어뜨릴 때도 있다. 생각할수록 민박집의 삶은 꿈속에 꾸는 이상한 꿈같다.

제 집 거실에서 발뒤꿈치를 들고 살금살금 걷고, 방에서 음소거 수준으로 목소리를 줄여 소곤소곤 대화하는 것이 과연 정상적인 삶인가 싶어 괴로웠던 적도 있다. 책담을 확장하고 주인장 공간 입구에 가림천을 늘어뜨린 것도 그러한 고민의 산물. 가벽을 세우는 방식도 생각해봤으나, 이 집이 가진 고유한 아름다움을 훼손하기 싫었다(물론 공사비용도 생각하기 싫었다). 햇빛과 바람은 술술 통하도록, 오가다 담장 너머를 슬쩍 넘겨보는 시선의 자유를 보장할 것. 키 낮은 책장과 속적삼 같은 가림천으로 둘러친 울타리의 지향점이다.

기실, 이 개방형 울타리는 절에서 모티브를 따왔다. 절은 누구에게나 오픈된 공간이지만, 스님 처소와 선방 앞엔 '외부인 출입금지' 표지판이 붙어있다. 관계자 외 출입을 금한다 하여 육중한 철대문을 달거나 그 안을 넘겨다볼 수 없을 만큼 높은 담을 쌓은 건 아니다. 빗장을 가로지르지 않고도 지켜내는 단호한 내적 공간인 셈.

며칠 전 하동 쌍계사에 갔다가, 대웅전으로 오르는 계단 초입 돌에 새긴 문구를 한참 들여다봤다. '말씀은 가만가만(좌측 돌)', '걸음은 조용조용(우측 돌)'. 법당에서 갖춰야 할 단정한 몸가

짐을 이르는 이 단순한 글귀는, 왜 제 집에서 음소거 대화를 나누고 살금살금 걸어야 하는가, 에 대한 무거운 불평불만을 가뿐하게 붕- 띄워 올렸다. 아! 나는 절집에 살듯 살고 있구나!로 터진 각성은, 절간에 방 한 칸 얻어 살고 싶었던 내 한 시절의 욕망을 또 이렇게 실현했다는 정신승리적 기쁨으로 이어졌다. 팔뚝에 오소소 돋는 소름을 쓸어내리고만, 드림스컴트루의 애잔한 예.

5월의 맑고 환한 토요일. 여행하기 좋은 날답게 오늘의 몽도는 한 지붕 열 식구. '좌 가만, 우 조용'을 몸가짐의 기본으로 삼은 누룽지 보살은 오늘도 가만가만 말하고 조용조용 움직일 것이다. 심지어 현 사장은 음소거 웃음에도 일가견이 있다.

2019년 5월 11일

묵언 목걸이

 혼자 오는 여행자들이 꽤 된다. 여행 정보를 좀 보태줄까 싶어 목적한 곳이 어디냐 물으면, 무얼 보기보단 그냥 쉬러 왔다고 하는 이들이 많다. 쉼이 간절하구나 싶을 때면 입을 다문다. 상대방의 말을 귀 담아 듣는 것, 내 이야기를 꺼내는 것 모두 머리와 마음을 쓰는 일이니까. 두 시간 내리 수다만 떨고도 배고팠던 경험을 되돌아보면, 어지간히 몸도 축나는 일이다. 쉼터 주인장이 쉼이 필요한 객의 에너지를 뺏어서야 되겠나.

 민박집 운영 11개월 차에 접어든다. 초심에 다정도 병인 양 하여, 손님 앞에 'TMI'였던 적도 있었으리라. 여행 정보를 알려준답시고, 그저 조용히 쉬고 싶었을 뿐인 여행자의 귀를 혹사시키진 않았나, 말하지 않을 자유를 침해한 것은 아닌가 반성해본다.

몽도는 주인장과 손님, 손님과 손님 사이에 마주침이 잦은 집이다. 공용실에서, 마당에서, 옥상에서, 거실에서, 화장실 앞에서, 우리는 자주 스친다. 한 지붕 아래 잠들고 한솥에 끓인 누룽지를 먹는 사이니까. 그래서 따뜻한 에피소드도 많지만, 나만의 시공간을 지키고 싶은 이들에겐 이 온기가 조금은 더울 수도 있겠다. 그리하여 준비해본 묵언 목걸이. 이 목걸이를 착용한 손님과 눈이 마주친다면, 나는 아주 가벼운 목례만으로 그를 지나칠 것이다. 당신이 선택한 침묵이란 언어에 나는 어떻게 답해야 하는지 안다. 침묵은 나에게도 익숙한 언어니까. 우리는 고요 속에서 서로가 침묵의 원어민임을 알아볼 것이다.

묵언 목걸이를 만들고 싶어 나무 조각을 구하러 다니다가, 뭐가 마땅치 않을 때 찾는 남해읍 다이소에서 캐스터네츠를 만났다. 둥글고 매끈하게 손에 쥐어지는 물성이 좋아 만지작거리다가, 아! 너로구나! 싶었다. 캐스터네츠라고 만날 흥겨운 노래와 춤에 짝짝짝 장단이나 맞추고 싶을까. 캐스터네츠도 침묵할 자유가 있다. 하여 조개껍데기처럼 붙어있는 두 짝을 풀어 서로에게서 해방시키고, 짙은 먹으로 '묵언', 두 글자를 적어 넣었다. 이제 캐스터네츠 아닌 캐스터네츠는 침묵의 언어를 구사하는 이의 가슴께에 머물며, 생애 첫 고요를 즐길 것이다.

묵언 목걸이 사용법

(1) 별채 책장 앞에 놓인 묵언 목걸이를 목에 겁니다.
빨간 줄, 녹색 줄 중에 취향껏 선택합니다.

(2) 누군가 묵언 중인지 몰라보고 말을 걸면, 암행어사 마패 내밀 듯 목걸이를 보여줍니다. 상대가 당황하지 않도록, 가능하다면 살짝 미소를 머금어주세요.

(3) 침묵의 언어를 그만 사용하고 싶을 때, 다시 제자리에 둡니다.

덧붙임

묵언 목걸이를 목에 걸고 말 한마디 입 밖에 냈다고
호루라기를 불거나 죽비를 내려칠 사람은 없으니,
두려워하지 마세요.
고요한 나만의 시간과 공간을 지키고 싶을 때
사용하세요.

말하기 힘든 날,
목소리가 거칠거칠한 날,
대화 중 구취가 걱정되는 날 사용해도 좋습니다.
묵언 목걸이를 걸고 맥주를 마셔도
아무도 뭐라 하지 않을 겁니다.
템플스테이가 아니라 몽도스테이니까요.

2019년 5월 12일

여름이불 예찬

이불은 신(神)이 내게 붙여놓은 반창고 같아서,
그 아득함을 헤매며 조금씩 회복하라고 일컫는다.
상처를 뒤적이다 스스로 일어나는 것도,
겨우 이불 속으로 들어가 회복을 기다리는 것도
모두 눈 감은 인간의 몫이니.

– 서윤후 시집, 「휴가저택」에서

    신(神)은 아니지만. 단잠강화연구소를 지향하는 민박집 주인장으로서, 기왕이면 질 좋은 반창고를 준비하고 싶었다. 본디 이불의 맛이란, 머리끝까지 휙 뒤집어쓰는 맛(위기상황의 꿩처럼, 일단 내 머리를 감춰야 세상 근심으로부터 귀 막고 눈 감을 수 있으니…), 낙지호롱처럼 돌돌 배에 감는 맛(한여름에도 배는 따뜻해야 하는 법!), 혹 차버리는 맛(몽도의 잠자리에선 이불 킥해야 할 일이 떠오르기를 바라지만…)인 즉, 뒤집어쓸 때 위로가 되는 감촉과 이불 킥할 때 발목에 무리가 되지 않는 무게감에 대한 촘촘한 고민 끝에, 몽도의 새 여름이불을 장만했다.

80수 고밀도 워싱 샤틴면 원단에 충전재로 마이크로파이버 솜을 얇게 누빈 새 이불은, 부드러운 촉감이지만 몸에 들러붙지 않고, 무겁지 않으면서도 차분하게 눌러주는 맛이 여름이불로 적격이다. 굳이 아쉬운 점을 찾자면 빛을 반사하는 화이트 컬러에, 샤틴면 소재 특유의 은은한 광택이 더해져 햇빛 아래 지나친 눈부심을 유발한다는 것. 이틀 휴무 기간에 새 이불을 체험한 후 옥상에 널다가, 이 유일한 약점을 알게 됐다. 하지만 눈부심 주의는 게스트에겐 해당사항이 아니다. 이불 빨래 및 건조를 담당하는 현 사장만 주의하면 될 일. 여름철 야외노동의 필수 안전용품인 선글라스만 착용하면 된다.

그리고 오늘의 반성. 서윤후 시인의 「휴가저택」을 읽으며, '이불은 신(神)이 내게 붙여놓은 반창고 같아서' 부분에 밑줄을 긋고, '어머! 이건 새 이불 홍보에 응당 인용해야 할 문장!'이라고 생각한 죄. 장사치의 사사로운 욕망으로 시를 소비한 죄. 어쨌거나 「휴가저택」은 정말 아무 데나 펼쳐 읽어도 좋다. 좋다, 좋다 하며 밑줄을 치다가, 이러다간 책이 다 새카매질 거 같아 그만뒀다. 「어느 누구의 모든 동생」부터 좋아했던 서윤후다.

+ 2018년 여름, 몽도를 오픈하며 우리가 준비한 이부자리는, 이불솜에 순면 40수의 새하얀 이불 홑청을 씌우는 방식이었다. "한여름에 왜 솜이불을 덮지?" "에어컨 틀고 자니 포근한 솜이불을 덮는 거지. 원래 이불은 눌러주는 맛이래. 호텔에선 한여름에도 솜이불 덮잖아…" 이런 말들을 나누며(정작 민박집을 차리기 전까진 여름에 에어컨도 없이 모시이불 덮고 살았으면서) 이른바 '호텔식 베딩'을 고집하다가, 7, 8월 두 달 만에 내외가 각각 3kg씩 살이 빠졌다. '호텔식 베딩'은 우리의 남루를 가려주는 만능키가 아니었다. 오히려 주인장 꼴만 갈수록 더 남루해졌으니.

2019년 여름을 앞두고 얇은 여름 누빔 이불, 이른바 '게하식 베딩'을 장만했다. 이불커버를 솜통에서 벗기고(네 귀퉁이의 끈을 풀고) 솜통에 다시 씌우는(네 귀퉁이에 끈을 묶는) 그 지난한 베딩 과정이 생략되자, 성수기 체중감량의 기적은 일어나지 않았다. '이불은 神이 내게 붙여놓은 반창고 같아서'란 구절에 새삼 고개를 끄덕였던 여름이다. 커버 갈이 없이 그냥 빨아 널기만 하면 되는 여름이불은, 신이 민박집 주인장에게 붙여놓은 반창고, 내지는 파스에 다름 아니었다.

2019년 6월 20일

무릎을 껴안을 때

먼저 술이 왔다. 청와대 마크가 선명히 찍힌 한산소곡주. 물론, 대통령이 보낸 것은 아니다. 청와대 경호원 효상 씨가 청와대 매점에서 제 지갑 열어 사 온 것. 그리고 떡이 왔다. 스르륵 별채 문이 열리고, 별안간 동천떡집 사장님이 떡 상자를 내밀어 이게 무슨 일인가 했더니만, 일주일 전부터 이 동네 떡집을 수소문한 진영&수정 씨의 치밀한 선물이었다. 잔치엔 응당 술과 떡과 고기가 있어야 한다고 믿는 내가 떡을 미처 준비 못해 아쉬워하던 차에, 이 소름 돋는 이심전심이라니. 마지막으로 약이 도착했다. 컨디션과 비타민C. 술 좋아하는 진경 씨와 제약회사 다니는 혜정 씨의 콜라보. '몽도23' 막내들의 재기 발랄한 선물에, 컨디션부터 1병씩 쭉 들이켜고 잔치를 시작했다.

수육 냄비를 불에 올려놓고 낮부터 술을 마셔 그랬을까.

오래 삶아 고무처럼 질긴 수육에 그나마 씹을 만한 문어. 내가 낸 안주는 완성도가 다소 아쉬웠지만, 우리에겐 넘치도록 술과 떡과 약과, 두 번의 만남으로 쌓인 이야깃거리가 있었으니. 작년 12월 23일 몽도에 묵었던 인연으로 '몽도23'을 결성하고 서울에서도 한차례 모임을 가졌던 이들은, 모두 서울·경기 거주민들이다. 몽도 1주년을 축하해주기 위해, 그 멀리서 남해를 다시 온 것. 술과 떡과 약으로 손님들이 차린 돌상에, 일수와 나는 젓가락만 꽂았다.

한 달 전, 한 날 한 시에 그들 이름으로 네이버 예약 문자가 쏟아지던 순간(동시에 3개 이상 오면 장대비처럼 쏟아진 거다), 나는 서울에 있었다. 충무로 필동면옥 인근에서 점심약속을 한 선배를 기다리며 삼거리를 바라보고 앉아있었는데, 그날은 서울 나들이의 마지막 날이기도 했다. 문득 눈에 들어온 인쇄소 간판이 어떤 기억을 툭 건드렸고, 눈앞에 펼쳐진 삼거리 풍경은 연극 〈오이디푸스〉 속 운명의 삼거리 대목과 겹쳐졌다. "내 발아, 난 이제 어디로 가야 하지?"라고 절규하던 오이디푸스.

그즈음의 나는 향수병을 앓고 있었다. 드라마에 서울 풍경만 나와도 눈물이 글썽글썽해져선, 어떻게 드라마 주인공들은 죄다 서울에만 사는 것인가! 그리움이 분노로 몸을 바꿔 자주 버럭 했다. 상경 일정을 잡아둔 휴무를 손꼽아 기다렸지만, 막상 서울에 올라가 친구들을 만나 놀고 헤어질 때면, 이 요망하도록 즐거운 도시에 더 이상 내가 돌아갈 집이 없다는 게 서글퍼졌다.

서울 나들이의 마지막 날, 마지막 점심 약속은 그런 감정이 극에 달했던 것 같다. 느닷없이 운명의 삼거리를 떠올린 충무로 3거리에서, 내 부은 발(처럼 살찐 발)을 내려다보며 "내 발아, 난 이제 어디로 가야하지?" 하고 눈물을 뚝뚝 흘리고 있었는데, 몽도의 첫 돌을 기억한 '몽도23'의 깜짝 예약문자가 쏟아진 거다. 이 사람들, 타이밍 한번 참 절묘하다, 감탄하며 울다 말고 히죽히죽 웃었고, '어디로 가긴, 냉면 먹으러 가야지…' 혼자 메기고 받으며 필동면옥에 갔다.

> 나라도 나를 안아주어야 할 때 우리는 무릎을 껴안습니다
> 내 눈물을 내가 받아주어야 할 때 무릎 위에 얼굴을 묻습니다
> 무릎은 그런 곳
> 무릎은, 그렇게만 쓰였으면 좋겠습니다
>
> - 허은실 에세이,
> 「그날 당신이 내게 말을 걸어서」에서

술과 웃음으로 과열된 돌잔치 열기를 한풀 식힐 겸, 다 같이 옥상에서 별 구경을 했던 어젯밤. 진영 씨가 그날의 일력 시구절을 화제에 올렸다. 보자마자 마음에 훅 다가오는 문장이었다고. 일력에 그 구절을 적었으므로 당연히 기억하는 나는, 풀어 말하지 않아도 알겠는 그 마음에 고개를 끄덕였고, 일력 시 구절을 스쳐 지나갔거나 기억하지 못하는 나머지 사람들은 궁금해 했다. 진영 씨가 휴대폰 카메라로 찍어둔 일력 사진을 꺼내 '나라도 나를 안아주어야 할 때 우리는 무릎을 껴안습니다'라는 구절을 천천히 읽어주었을 때, 마침 나는 무릎을 껴안고

있었다. 하지만 그건 나를 안아주기 위해서도, 눈물을 묻기 위해서도 아니었다. 음악 쪽으로, 이야기 쪽으로 더 바짝 귀 기울이느라 그랬다.

별이 빛나는 여름밤. 평상에 옹기종기 모여 앉은 손님들은 돌아가며 그 밤의 공기와 어울리는 자신의 최애곡을 틀었고, 그 모든 선곡이 매우 적절하여 몸을 동그랗게 말고 온몸으로 큰 귀가 되고 싶었으니까. 좋은 사람과 좋은 노래를 향해 문득 골똘해질 때도, 나는 무릎을 껴안는다.

2019년 7월 7일

마스킹 테이프와 손님의 공통점

길고 긴 비수기에 퍼져있던 몸이 오랜만에 찾아온 성수기에 삐걱거린다. 오늘 아침 여덟 그릇의 누룽지를 끓이고 담아내며, 최대 열세 그릇까지도 차려냈던 지난여름의 기억을 떠올려봤으나, 엄살쟁이에겐 오늘이 가장 싱싱하게 힘든 날이다. 그래도 누룽지 타임엔 잔잔한 즐거움이 있다. 혼자만의 집중된 작업이라는 게 안정감을 주고, 발우공양급으로 말끔히 비운 빈 그릇이 돌아올 때면 매끈한 문장을 뽑아낸 듯 기분 좋다.

모든 손님에게 똑같은 찬 구성으로 누룽지를 내지만, 간혹 수저받침으로 마음을 표현할 때가 있다. 이를테면 손님용 나무 수저받침 대신, 내가 아끼는 도자기 수저받침을 쓱 깔아내는 것인데, 김민정 시인의 시 제목('아름답고 쓸모없기를')이 박힌 하얀 조약돌 풍 수저받침이 꽤 유용하다. 밥술 위에 시 한 점 발라

얹어주는 마음이랄까. 밥술을 뜨다 문득 아름답고 쓸모없는 생각과 감각을 우물거리길, 은밀히 기원한다.

어젯밤의 손님 중 유독 시를 좋아하는 손님이 있었다. 별채 소등시간 5분 전까지 서너 권 쌓아놓고 읽던 시집과 영 헤어지기 힘든 듯 페이지를 넘기다 시계를 확인하고, 또 페이지를 넘기다 간직하고 싶었을 글귀를 카메라로 담는 모습을 보았다. 잠자리에 가져가 읽어도 된다고 했으나, 애틋한 연인을 대문 안으로 들여보내듯 시집을 다시 책장에 꽂아놓고 돌아서는 뒷모습이 마음에 남았다. 저이에겐 꼭 조약돌 수저받침에 수저를 괴어주리라 생각했던 순간.

오늘 아침, 조약돌 수저받침을 냈던 손님의 밥그릇은 발우공양급으로 말끔히 비워져 돌아왔다. 시 한 점 없은 누룽지가 입에 맞았나 보다 싶어 은밀히 보람차던 중, 손님이 똑똑-주방문을 두드렸다. 잘 쉬다 간다는 인사와 함께, 뭐라도 드리고 싶었다며 수줍게 내민 마스킹테이프. 이 아름답고 쓸모있는 일러스트 마스킹테이프를 조약돌처럼 만지작거리며 놀다보니, 마스킹테이프와 숙박 손님의 속성이 닮았다는 생각이 든다.

1. 마스킹 테이프는 착 붙었다가, 자국을 남기지 않고 떼어진다(손님은 하룻밤 혹은 이틀 밤 한 지붕 아래 머물다, 제 흔적을 훌훌 거둬 떠난다). 2. 마스킹 테이프는 재점착이 가능하다(손님도 재방문이 가능하다).

2019년 7월 22일

달밤, 천변풍경

윤성 씨는 몽도를 방문한 여섯 번째 라이더다. 벚꽃이 난분분한 시절, 꽃길만 달려 몽도에 닿았던 그는 200kg에 육박하는 묵직한 오토바이를 탄다. 애칭은 버식이. 모델명이 버시스… 무어라 한다. 큰 오토바이를 타는 사람답게 체구가 크다. 매우 아담한 우리 부부는 그를 포플러 나무처럼 한참 올려다보며 "키가 몇이에요?"라고 물었는데, 정우성보다 2cm 작은 키였다. 체구는 크지만 조곤조곤 말하고, 웃을 땐 열일곱 소년의 얼굴이 되는 스물일곱 청년. 와인병에 와인이 흐르지 않도록 병목에 티슈를 둘러줄 때도, 어린왕자 머플러 풍으로 묶는 예쁜 재주를 가졌다.

가을쯤 다시 오겠다던 그가 이 뜨거운 여름날, 의정부에서 남해까지 버식이를 타고 왔다. 우렁찬 엔진 소리와 함께 8월의 논밭처럼 형광연둣빛으로 빛나는 버식이가 몽도 앞에 멈췄고, 헬맷을 벗자 땀으로 사람을 빚으면 저럴까 싶은 윤성 씨가 치아를 드러내고 아이처럼 웃었다. 오는 길에 무주에서 샀다는 머루주와 머루 와인을 내미는데, 마치 장성한 조카가 시골 사는 삼촌집에 명절 인사라도 온 풍모라 웃음이 났다.

이틀을 함께 했다. 하루는 몽도에서, 또 하루는 몽도 인근 다리 밑에서. 2박을 하고 싶어 했으나 예약이 하루만 가능했던 까닭. 캠핑을 즐긴다는 그이지만, 조카 같은 청년을 한뎃잠 재우는 게 영 마음에 걸렸다. 그래도 그는 다리 밑이 시원해 좋다며, 책 한 권을 빌려가 낮에도 내내 다리 밑에서 놀았다. 동네 아저씨들에게 은어튀김을 얻어먹고, 김애란의 「잊기 좋은 이름」을 천천히 읽고, 낮잠을 자기도 하면서. 바다가 지천인 이 남해에서, 바다 한 조각 안 보이는 동천리, 천변 다리 밑에서.

그리고 밤엔 우리 부부를 다리 밑, 자신의 베이스캠프로 초대했다. 숙박 손님들의 입실 안내를 모두 마친 달 밝은 밤. 논밭 사이를 가로질러 다리 밑에 모였다. 쌍다리 기사식당 부럽지 않은 목살이 노릇노릇 구워졌고, 몽도 안에선 금지된 소주를 주거니 받거니 했다. 아쿠아마린풍으로 빛나는 진로는 밀주처럼 달았다. 바람은 시원하고 달빛은 흥건했다. 폭포급으로 우렁찬 물소리 때문에 목소리 작은 세 사람이 데시벨을 키워 이야기해야 했는데, 마치 클럽 안에서 나누는 대화 같았다. 다리 밑 천변 포차가 폭포 클럽으로 변신했던 순간.

다리 밑 윤성 씨는 오늘 아침, 버식이를 타고 떠났다. "오늘은 '여름 안에서'를 들으며 달릴 거예요!" 하고 갔다. 필경, 김애란 산문집이 호출한 듀스다. '여름 안에서'가 나왔을 때, 나는 열아홉, 일수는 스무살이었다. 윤성 씨는 두 살 쯤 됐을까? 그로부터 25년 뒤, 세 사람은 다리 밑 천변에서 함께 고기를 굽고 아쿠아마린풍 진로를 나눈다. 그 냇가의 이름은 화천, '꽃내'라고도 부르는 곳. 봄날, 꽃길만 달려왔던 청년은 여름날, 꽃 냇가에서 종일 놀다 갔다.

- 조금만 가까웠으면 좋겠어요.
- 뭐가요?
- 의정부랑 남해요.

그런 이야기를 나누었던 2019년 8월의 환한 달밤, 천변풍경을 오래 기억할 것이다.

2019년 8월 16일

여름도, 성수기도 퇴각한다

 에어컨을 끄고 마당에 나앉아있는 시간이 늘다 보니, 아침저녁으로 정교한 피규어 같은 여치 한두 마리를 본다. 아직 매미소리 쨍쨍하지만, 가을 풀벌레 소리로 싹 바뀔 날이 머지않았다. 가을은 로커보단 발라더의 시간이니까. 방울토마토도 끝물이다. 오늘 텃밭에서 일수가 따온 방토는 일곱 알에 불과했는데, 그나마도 자잘했다. 방울토마토는 여름내 최선을 다했다. 조식 후 디저트로, 방토 덕을 톡톡히 봤다. 좁은 폭의 화단 텃밭에서 방토는 옆으로 몸을 불리지 못하는 대신, 대나무처럼 위로만 자랐다. 재크와 콩나무 아니고 재크와 방울토마토 아니냐, 우후죽순 아니고 우후방토 아니냐 감탄할 만큼 쑥쑥 솟구치던 가지가 폭풍성장을 멈췄다. 이파리는 시들하고 열매는 말줄임표만큼 남았다. '열만큼 열었다. 이제 그만 따…'의 말줄임표랄지.

물에 갓 씻어낸 반들반들한 방울토마토 보는 것을 좋아한다. 어려서 혼자 좋아했던 사람의 눈알이 꼭 그와 같았다. 반들반들 물광 나는 눈망울이 어쩐지 방울토마토를 연상케 해, 방토를 씹을 때마다 그를 떠올리던 시절이 있었다. 오래된 이야기다. 늙은 눈망울도 반들거릴까, 문득 궁금하긴 하다.

요 며칠, 이은규 새 시집 「오래 속삭여도 좋을 이야기」를 품고 지낸다. 하여 일력도, 웰컴보드도 이은규 시로 다 바르는 중이다. '봄날의 남은 일과는/ 저무는 것으로 다만 저무는 일'이란 구절에 밑줄 긋다가, 그렇다면 여름은? 하고 곰곰 생각해보니, 여름날의 남은 일과는 퇴각하는 것으로 다만 퇴각하는 일이 아닐까 싶다. 매미도, 방울토마토도, 열망도. 여름의 것, 여름다운 것들은 다만 퇴각한다.

퇴각하여 좋은 여름의 것을 떠올려보니, 첫 손에 꼽히는 것이 있다. 성.수.기. 성수기도 퇴각한다. 오늘부터 몽도는 다시 주 5일제로 운영된다. 성수기 한철 바짝 장사해보자고 주 6일제로 달려온 지난 한 달. 일수는 입안이 헐고, 나는 정수리에 굵은 흰머리가 솟았다. 추억의 통점이 저마다 달라, 이별 후에 누군가는 편두통이 오고 누군가는 어금니가 아프다는데(김진영 산문집, 「이별의 푸가」에서), 과로의 통점도 사람마다 다른 모양이다. 퇴각하는 여름날, 「이별의 푸가」와 「오래 속삭여도 좋을 이야기」를 양손에 쥐고 있어 다행이다.

2019년 8월 19일

돌아온 쌍화보살

 네이버 예약 문자를 확인하다 가끔 환호성을 지를 때가 있다. 반가운 이름 때문인데, 며칠 전에도 그랬다. 일수와 맥주를 마시던 중, 그 이름을 확인하고 소리 질렀다. 유나다! 유나!(만나선 유나 씨, 라고 깍듯이 부르지만, 현사장과 둘이 이야기할 땐 그리운 조카를 부르듯 이름만 부른다.) 작년 7월 13일에 몽도를 찾은 유나 씨는 그날의 유일한 손님이었고, 몽도 오픈 이후 두 번째로 맞이하는 '진짜' 손님이었다. 친구들의 방문만 간간히 이어지던 때라, 네이버 예약을 통해 찾아온 진짜 손님이 마냥 신기하던 시절.

 당시, 멀리 떠나고 싶다는 이유 하나로 남해를 선택하고 (경기도에서 남해는 꽤 머니까), 우연히 눈에 들어온 몽도를 예약했던 유나 씨는, 별채에 들어서자마자 6캔들이 맥주 두 팩을 냉장고에 차곡차곡 쟁였다. 혼자 마실 맥주를 저만큼 준비한걸 보니 어지간히 술을 좋아하는 아가씨로군, 하고 생각했으나 예상과 달리 맥주는 1~2캔 밖에 안 마신다고 했고, 그럼 나머지 술은 어쩌려고… 라는 내 의문을 읽은 듯, 같이 마셔요, 라고 했다. 왜, 왜, 자기 술을 나눠주지? 밥은 나눠먹고 빵은 아예 양보도 할 수 있지만, '내 술'에 대한 애착과 집착이 큰 나로서는 그런 상황을 이해할 수 없었다. 낯가림은 꽤 있지만 권하는 술은 또 마다할 줄 모르는 성격이라, 다소 어색하긴 해도 같이 마셨고, 마시다 보니 기분이 둥실둥실 좋아졌으며, 이런저런 이야기를 나누는 와중에 취향의 겹침이 상당히 많다는 걸 알게 됐다. 그녀가 호감과 관심을 표하는 것들은 하나의 맥락으로 흘렀는데, 곱게 말해 고전적이었고, 거칠게 말해 '올드' 했다.

스물세 살 때 아르바이트를 했던 전통찻집에서, 당시 30대 후반쯤이었을 주방 언니가 내게 했던 말도 그와 같았다. "넌 젊은 애가 취향이 어쩌면 이렇게 '올드' 하니!" 언니는 내가 틀어 놓는 음악들을 청승맞다고 싫어했는데, 장사익, 정태춘과 박은옥 같은 노래들이었다. 그 찻집에서 일할 때 내가 맛 들인 것 중 하나가 쌍화탕이었거늘(쌍화탕과 십전대보탕으로 유명한 집이었다), 소름 돋게도 유나 씨는 쌍화탕을 너무너무 좋아해서, 언젠가 쌍화탕 전문점을 차리겠다는 꿈을 품고 있었다. 그 꿈이 흥미로워서, 잠들 때까지 쌍화탕 가게 이름을 궁리하고('쌍화점'을 제안했던 기억이 난다), 몽도 인근에 가게 터를 알아봐 주고 싶다는 생각까지 하며 오지랖을 무한 확장하던 여름밤. 그렇게 2박 3일 함께 하는 동안 유나 씨는 멘털이 크리스털과 같은 우리 부부에게 "앞으로 잘 되실 거예요"라고, 자꾸만 기운을 북돋워주었다. 마침 용기가 필요한 시점에 나타나 맥주와 막걸리를 공급하며 마냥 응원해주는 청춘이 고마워, 우리는 그녀를 맥주 요정, 막걸리 요정, 그리고 '쌍화보살'이라 불렀다.

  2019년 8월 30일, 쌍화보살이 돌아왔다. 몽도의 첫여름을 열어준 그녀가 두 번째 여름을 닫는 시점에 왔다는 게 여간 반가운 게 아니었다. 돌아온 쌍화보살은 맥주 12캔을 냉장고에 쟁여놓고, 내게 윤병무 시집을 건넸다. 「당신은 나의 옛날을 살고 나는 당신의 훗날을 살고」 방란장 서가에 꽂혀있는 같은 시집을 발견하고 낙담하는 눈치였으나, 기존에 내가 가지고 있던 시집을 그녀에게 선물하는 것으로 옳게 마무리되었다. 왜 이 시집을 골랐냐고 물으니 제목 때문이었단다. 무슨 책을 선물할까 고민이 길었는데, 저 제목을 접한 순간 마음이 바로 결정되었다고 했다. 나 역시 순전히 제목에 이끌려 구매한 시집이었기에, 이 또 하나의 겹침이 좋았다. 그리하여 쌍화보살과 누룽지보살은 같은 시집을 한권씩 소장하게 되었고, 어쩌면 당신은 나의 옛날을 살고 나는 당신의 훗날을 살지만, 우리는 각자의 자리에서 같은 시집을 읽게 될 것이다.

2019년 9월 1일

이름을 기억한다는 건

　민박집을 운영하며 알게 된 내 재능은 '기억력'이다. 특히, 이름에 대한 기억력이 제법 쓸 만하다. 사십 넘어 불현듯 꽃 피운 이 재능이 조금 낯설긴 하다. 사실 꽤 오랜 기간, 기억력에 대해서라면 자신 없는 쪽이었다. 잦은 폭음과 블랙아웃으로 내 해마는 자주 손상되었으니까. '네가 그랬잖아' 라고 하면 '아… 내가 그랬구나…' 하며, 기억에 없어도 수긍해야 했던 순간들이 숱하다. 하지만 민박집 주인으로 살아온 1년 4개월. 내가 자주 듣는 말 중 하나는 '와! 그걸 다 기억해요?'다. 나는 손님의 이름을, 이야기를 나눴다면 그와 나눈 이야기를, 혹은 그날의 분위기를, 꽤 기억한다.

　손님과의 만남은 그의 '이름'을 접하고, 이름을 부르며 시작된다. 네이버 예약신청 문자를 받고, 입금 확인 및 예약 확정

문자를 보내며 그의 이름을 처음 부른다. 'OOO 님, 입금 확인했습니다. 0월 0일에 뵐게요.' 이어 그 이름을 고전적인 숙박 장부에 적고, 그가 오는 날 현관 앞 웰컴보드에 또 적게 되니, 총 3회 이상 입안에서 굴리고 손으로 눌러쓴 이름인 셈이다.

가끔, 이름 때문에 설렐 때도 있다. 좋아하는 시인과 이름이 같은 손님이 오던 날엔 그 시인의 시로 일력이며 웰컴보드를 도배하기도 했고, 며칠 전엔 이름에 '령' 자가 들어가는 손님을 기다리며, 저 '령'은 필시 '조용히 오는 비, 령霝'이 아닌가 싶어 은밀히 기뻐하였다. 손님 가뭄이 심각한 11월에 '조용히 오는 비'처럼 반가운 손님이었다. 어제는 멀리 있는 내 베프와 이름이 같은 손님의 예약 문자를 받아, '네가 온 것처럼 그에게 잘해 줄게'라고, 그리운 친구에게 다짐의 톡을 보내기도 했다. 이름은 자꾸 가지를 뻗어 누군가를 생각하게 하고, 어떤 기억을 건드리며, 새로운 관계와 이야기와 기억의 실마리가 된다.

이름을 부른다는 건, 꼭 노크하는 일 같기도 하다. 물론 노크만으로 모든 문이 열리는 건 아니며, 노크가 꼭 문을 열기 위한 시도인 것도 아니다. 노크는 오픈을 목적으로 하지 않아도 좋다. 똑똑- (당신, 그 안에) 있어요?, 똑똑- (나는 여기) 있어요, 정도이기만 해도 되겠다. 거기 있고, 여기 있는, 엄연한 존재감에 대한 확인으로도 충분하다.

지난봄과 마찬가지로 올 가을 산책길에도 모야모 앱과 함께 걸었다. 이름이 궁금한 존재들을 숱하게 종아리로 스치는 계절이라서, 자주 허리를 굽혀 사진을 찍고 모야모 앱에 이름을 물었다. 그리하여 멕시칸 세이지와 나비바늘꽃과 아마란스 등의 이름을 익혔고, 내년에 이들을 다시 만날 땐, 저 이름들 중 절반 이상을 기억하여 부르게 될 것이다. 이름 하나라도 기억하는 게, 내가 만난 아름다움에 대한 예의라 믿는 까닭이다.

"이름은 우리의 정체성이랄지 존재감이 거주하는 집이라고 생각해요. 여기는 뭐든지 너무 빨리 잊고, 저는 이름 하나라도 제대로 기억하는 것이 사라진 세계에 대한 예의라고 믿습니다."

- 조해진 소설, 「단순한 진심」에서

2019년 11월 23일

차고 말간 계절엔 호젓한 문장을

　시집 필사 자리에 「누구도 기억하지 않는 역에서」를 둔 채 가을을 통과하고 겨울을 지냈다. 허수경 시인의 타계 1주기를 맞아 10월 한 달만 두자 했던 것이 11월이 되고 12월이 되더니, 새해가 머지않았다. 몽도 한 구석에 허수경 시인의 자리가 생긴 것 같아서, 허수경 시인의 시를 읽고 옮겨 적는 손님들의 뒷모습을 보는 게 좋아서, 그렇게 몇 달을 지냈다.

　계절이 불러일으키는 감정이 있고, 그 감정을 나침반 삼아 책장 앞을 서성이다 보면 자연스레 마주치는 시집이 있다. 여름 끄트머리의 유희경을 지나, 가을과 초겨울의 허수경을 보내고, 동지에 이르러 장석남 시집을 꺼내 드는 이유도 그것. 차고 말간, 이 군더더기 없는 계절엔, 그의 호젓한 문장이 긴요하다.

　장석남 시에 대한 첫 기억은 스무 살이다. '지금은 앵두가

익을 무렵/ 그리고 간신히 아무도 그립지 않을 무렵'('옛 노트에서', 「지금은 간신히 아무도 그립지 않을 무렵」 수록)'이란 구절을 얼마나 자주 중얼거렸던지. 무수한 '그리움의 모서리들'을 '옹색하게' 품고 살았던 스무 살의 나는, 아득하기만 한 그 '아무도 그립지 않을 무렵'에 어서 닿고 싶었다. 하지만 지난 5월, 이웃이 건넨 눈부신 앵두를 먹다가 자동 반사처럼 그 구절을 떠올리며 새삼 깨달은 건, 여전히 '아무도 그립지 않을 무렵'에 닿지 못했다는 것. '간신히'를 앞에 달고 봐도 신통찮다.

장석남 시인에 대한 두 번째 기억은 스물다섯 살이다. 첫 직장에서 그를 인터뷰 할 기회가 생겼으나, 친구에게 미뤘다. 제대로 고료를 주고 외부필자를 쓸 수 없을 만큼 영세한 잡지사에서, 분명 수습기자인데도 수석기자처럼 일해야 했던 나는, 같은 과 동기에게 술을 사기로 하고 인터뷰 원고를 청탁했다. 우리가 좋아하는 장석남 시인이잖아, 팬심으로도 해줄 수 있잖아, 마감 끝나면 술이나 한잔 하자…라는 몹쓸 수작. 마감할 원고가 산처럼 쌓여있다는 핑계로 인터뷰를 미뤘지만, 실은 두렵고 싫어서였다. 좋아하는 시인을 만나고 와선 너절한 원고를 뽑아낼 것이 분명한 그 상황이. 친구는 몹시 투덜대면서도(왜 학생인 내가 직장인인 너를 도와야 하느냐!) 내가 품고 다니던 장석남 시집에 사인을 받아다 줬고, 예상대로 원고 마감까지 산뜻하게 지켰다.

한 시절이건 한 순간이건, 마음을 기대거나 아름다움에 사로잡혔던 문장과 그 문장을 빚은 작가에겐 빚을 진 기분이다.

기실, 장석남 시인에게 진 빚은 꽤 구체적인데, 올해 초, 지속 가능한 민박집 운영을 위해 몇 가지 변화들을 단행하며 이른바 '몽도 시즌 2'의 슬로건으로 내건 문장이 '고요는 도망가지 말아라'였다. 이는 장석남 시인의 시집 제목으로, '저물녘 - 모과의 일'이란 시의 한 구절이기도 하다.

저물면 아무도 없는 데로 가자
가도 고요는 도망가지 말아라

당시, 우리 부부의 간절한 염원을 담아 주문처럼 읊조렸던 그 구절이 '몽도 시즌 2'의 안정적인 착지를 도와준 것 같아, 시인에게 고맙기만 하다. 손님이 줄어든 탓도 있겠지만 몽도는 꽤 호젓한 곳이 됐고, 고요를 꼭 붙들어 앉힌 이 집에서, 일수와 나의 저물어감도 어지간히 자연스럽다.

장석남 시인에게 또 하나 인연의 고리를 걸자면, 그와 나는 생일이 같다. 좋아하는 시인과 태어난 날이 겹친다는 나에게만 유의미한 발견을, 이런 류의 시시한 잡담도 귀담아 들어주는 선배들에게 자랑했다가 근사한 이야길 들었다.

"생일이 같다는 건 같은 기차를 타고 이 세상에 왔다는 의미래. 그 기차에서 장석남 시인이 먼저 내리고, 우정은 좀 나중에 내린 것뿐이지. 존 버거와 틸다 스윈튼이 나오는 다큐멘터리 〈사계〉에 나오는 이야기야."

같은 기차를 타고 온 인연 하나로 나는 당신의 문장에 마냥 빚을 져도 좋은가 생각하다가, 앞으로도 장석남 시인의 책은 무조건 구매하여 읽는 것으로 이 빚을 조금이나마 갚음하자고 다짐한다. 지금까지 출간된 그의 시집은 다 간직하고 있다. 빛나는 문장에 진 빚을 잊지 않을 것이다.

산골 오두막 방에서는
모과 썩는 향이 일월의 사치다
아무 올 이 없는 이 기다림은 고래(古來)로부터의 것
언 연못을 걸어보는 것도 적막 가운데의 호사다

- 장석남, '노래가 되기는 멀었어라'에서
「고요는 도망가지 말아라」수록

2019년 12월 22일

오래 속삭여도 좋을 자리

  필사 책상에 올린 「오래 속삭여도 좋을 이야기」는 오래 외면당했다. 손님이 뜸했고, 팬데믹 공포로 몽도 문을 여러 날 닫기도 했으니까. 시집 필사 책상을 처음 구상하던 때부터 '꽃 시절엔 이은규지!' 하고 일찌감치 점찍어두었던 터라 더 안타까웠다.

  스무 살 때 종로에서 새점을 본 적이 있다. 새장 안에 작은 새가 점괘가 적힌 쪽지를 콕 찍어주는 방식이 신기해 걸음을 멈추고 구경하다가, 결국 그 앞에 쪼그려 앉아 새가 물어다 준 점괘를 받았다. 일력에 적을 시 구절이나 필사 노트에 옮길 시를 고를 때, 어떤 문장이 불현듯 훅 치고 들어오는 순간, 오래 전 그 새점을 떠올린다. 이건 시점詩占이야, 문장을 받자.

꽃이 오는 줄 알았으나 절기가 가는 줄은 모르던 시간,
비늘마다 검은 먹구름 물드는 동안 우두커니였어요
(중략)
절기도 모르고 혼자 피어난 꽃의 호시절

- 이은규, '쌍리雙鯉'에서
「오래 속삭여도 좋을 이야기」 수록

「오래 속삭여도 좋을 이야기」에서 내가 필사한 시는 '쌍리雙鯉'다. '두 마리 잉어'를 뜻하는 '쌍리'는 중국의 옛 한시 모음집 「고악부」에 수록된 단어. '멀리서 오신 손님, 잉어 두 마리를 내게 남겼네. 동자를 불러 잉어 삶게 했더니, 뱃속에 한 자 가량 천에 쓴 편지가 들었네'라는 시에 등장한다. 나는 이은규의 시 '쌍리'를 통해 잉어 뱃속의 편지 운운하는 옛 시 구절을 알게 됐고, 한동안 연못에 잉어 노니는 모습을 보면 희고 붉은 편지글이 헤엄치는 것 같아 술 생각이 났다. 여기서 왜 '갑.분.술'인지 설득력 있게 설명하긴 어렵지만, 편지는 그리움을 건드리고, 건드려지면 술 생각이 나니까, 편지도 술이고 잉어도 술이다.

3월의 상황과 감정이 반영돼, 이건 점괘네 점괘야, 했던 페이지가 유독 많았다. 가령, 혼자 하는 꽃놀이가 심심해질 때면 '기다리지 않아도 돌아오는 절기/ 혼자 부르는 돌림노래에 공을 들이고('홍역'에서)' 같은 구절이 달라붙었고, 멀미가 나도록 꽃구경을 하고 돌아와 빈 방란장에서 시집을 펼치면, '가도 가도/ 봄이 계속 돌아왔다(오는 봄'에서)'라는 구절이 눈에 박혔다.

4월을 지나 5월로 들어서면서, 필사 노트는 다시 빼곡히 채워지고 있다. 역시, 오래 속삭여도 좋을 이은규인 것. 필사 노트를 한 장 한 장 넘기다 보면, 시낭송을 듣는 듯한 기분이 들기도 한다. 한 자 한 자 꾹꾹 눌러쓰거나 흘려 쓴 서체가, 제각각의 목소리 같다. 그 가운데 낯익은 서체도 있는데, 아는 글씨를 만날 때면 아는 목소리가 자동으로 음성지원된다.

연필로 꾹꾹 눌러쓴 글씨는 다음 페이지에 자국을 남긴다. 앞사람이 남긴 자국 위에 새 글씨가 또 꾹꾹 박혀있는 모습이 눈밭의 발자국 같아서, 가만히 들여다보다 손끝으로 쓸어보기도 한다. 방란장 한구석, 오래 속삭여도 좋을 자리. 필사 노트를 마련하길 잘했다.

2020년 5월 12일

아침엔 누룽지

익준(조정석)이 물었다. "누룽지 괜찮지?" 송화(전미도)가 답했다. "아침엔 누룽지지."

요즘 즐겨 보는 드라마에 이렇듯 귀한 장면이 나왔다. 좋아서 여러 번 돌려봤다. 무슨 말을 해도 믿음직스러운 송화가 인정한, '아침엔 누룽지'. 문득, 손님들에게 "누룽지 괜찮죠?"라고, 익준처럼 따뜻하면서도 확신에 찬 목소리로 묻고 싶단 생각이 들었는데, "안 괜찮은데요"라는 답이 돌아오면 어쩔 것인가. "아침엔 가볍게 시리얼과 우유가 좋겠어요"라는 답이 돌아오면 어쩌려고. 우린 누룽지 밖에 없는데. 그러므로 "누룽지 괜찮죠?"라고 묻진 못하고, "조식으론 누룽지를 끓여드려요. 9시와 9시 반 중에 선택하시면 됩니다"라고 말할 뿐이다.

우리가 생각하는 조식 누룽지의 장점은, 적당한 가벼움이다. 간혹, 아침부터 곡기를 채워 든든하다 이야기하는 손님도 있지만, 사실 누룽지는 가볍다. 위장에 살짝 온기만 퍼뜨렸다 사라진다. 몽도 오픈을 준비하던 두 달 내내 누룽지를 먹어봐서 아는데, 한 그릇 먹고 아, 속 뜨듯하다! 해봤자, 1시간 반쯤 지나면 배가 고프다. 텅 비어있기보단 약간의 곡기로 식욕의 길을 닦은 위장이 다음 끼니를 더 간곡히 부르는 법. 오전 9시에서 10시 사이에 누룽지를 먹은 몽도 손님들은, 12시쯤 다시 배가 고플 것이다. 별 맛도 아닌 누룽지가 금산을 다녀와도 안 꺼질 정도로 묵직하면 곤란하지 않겠나. 여행 중엔 응당 그 지역 맛집을 찾아가는 재미도 누려야 할 터인즉. 돌아서면 꺼지는 가벼움으로, 누룽지는 지역 식당과 공존한다. 이른바 '상생'을 꿈꾸는 누룽지다.

다시 드라마로 돌아가자면, 〈슬기로운 의사생활〉 10회의 설렘 포인트는 '아침엔 누룽지' 다음 씬에 있다. 익준과 송화가 누룽지를 먹으며 도란도란 나누는 대화. "넌 요즘 널 위해 뭘 해주니? 널 위해, 너한테 뭘 해주냐고."라는 송화의 질문에 익준이 답한다. "이렇게 너랑 같이 밥 먹는 거. 너랑 같이 밥 먹고 커피 마시는 거. 난 나한테 그거 해줘." 언제나 납득되고 마는 조정석의 매력.

같은 드라마를 본 현일수에게 송화와 같은 질문을 던졌다.

"넌 요즘 널 위해 뭘 해주니?"

"화장실 청소와 방 청소를 해. 이불을 빨고, 이불을 널고, 이부자리를 세팅해. 지네 약을 치고, 매화나무에 진드기 약을 쳐. 옥상과 마당 청소를 하고, 화분과 텃밭에 물을 주고 퇴비를 주고, 커피를 볶고, 또 자꾸 눈에 보이는 대로 계속 뭘 해. 내가 안하면 네가 해야 하니까, 난 나한테 그걸 해줘."

어디서 생색이냐고, 지금 노동량으로 배틀하자는 거냐고, 나는 누룽지를 끓여, 조식 설거지를 해, 우리가 먹을 밥을 차려, 수건을 김밥처럼 말아, 드라마에 누룽지만 나와도 몽도 홍보와 연결 지을 궁리를 해, 책장을 정리하고 방란장 도서전을 진행해, 물꽂이 한 로즈메리를 관리해, 일력과 웰컴보드를 적어, 예약문의에 응대해, 입실 안내를 해, 내가 안 하면 네가 해야 하니까, 난 나한테 그거 해줘!라고, 자잘함과 쩨쩨함을 겨루다가, 다시 물었다.

"넌 요즘 널 위해 뭘 해주니?"

일수는 잠시 뜸을 들이다 "자전거를 타. 최근엔 못 탔지만…"이라 답했고, 돌아온 같은 질문에 나는 "티큐브에서 가성비 좋은 리투아니아 맥주를 사. 알라딘에서 책을 사. 절제하고 또 절제하며…"라고 답했다. 과연 이것뿐인가? 동네 산책이라든가 이웃동네 마실도 있었는데. 대화가 끊어졌다. 누룽지에서 비롯된, 확 쓸쓸해져 버린 일상의 민낯.

2020년 5월 16일

물것이 창궐하고
풀이 번창하겠지요

　6월의 필사 시집으로 「맑고 높은 나의 이마」를 골랐다. 작년 이맘때 이 시집을 끼고 지내던 기억이 나 발행일을 찾아보니, 2019년 6월 20일. 편편이 여름의 이미지가 깃든 시집이라, 지난여름 일력과 웰컴보드에 적는 시 구절을 여기서 자주 빌렸다. 김영미 시인이 등단 8년 만에 낸 첫 시집이라는데, 그의 반짝이는 처음을 제때 만났다는 게 좋았다. 다음 시집이 나오면 무조건 챙겨볼 시인이 또 한 명 늘었다는 것도.

　처음 접하는 시인의 시집을 구매하기까진 몇 가지 끌림이 있었다. 당연한 이야기지만 첫눈에 훅 들어오는 구절이 있었고(운동화를 적시며 여름이 오고 있었다/ 우리들의 여름은 지킬 게 많았다/ 지킬 게 많다는 건 어길 게 많다는 것), 목차를 훑어 내리며 좋아하는 단어를 다섯 개 이상 찾았고(스트로베리 필드, 밤의 어린이공원, 불국, 정향, 요요), 제목과 표지가 명징하여 아름다웠다. 맑은 여름 하늘 내지는 진로이즈백이 연상되는 스카이 블루 컬러에 신체 부위별 명칭 중 거룩한 느낌마저 드는 '이마'의 조화. '이마'라 발음할 때 입안에 살풋 고이는 설렘은, '오금'이라든가 '발뒤꿈치' 같은 부위를 발음할 때와는 다르지 않나. 이 시집은 시집 말미에 수록된 인터뷰(김영미×서윤후) 페이지까지 마음에 들어, 밑줄 그은 문장이 많다. 그중에서도 특히 기억에 남는 대화는 이것.

서윤후: 시에서 상실감을 드리우는 계절로 여름이 자주 등장해요. 여러 시편에서 여름이 각기 다른 표정을 하고 나타나죠. 시인에게 여름은 어떻게 찾아와서, 무엇을 남기고 가는 것일까요?
김영미: 여름은 매번 바깥 햇살에 맨살을 드러내면서 시작되는 것 같아요. 그리고 무섭게 무성해지는 초록을 견디는 일로 여름은 지나가겠지요. 장마와 함께 시작되는 것도 같아요. 수많은 비가 이전의 계절을 씻어버리고 본격적인 뜨거움을 일상에 예고하면서요. 짧은 시간 동안의 열기, 견딜 수 없는 열망이나 절망 같은 것들로 다 타버리고 마는 계절인 것 같아요, 여름은. 매번 그 끝이 태풍으로 마무리되는 것도 상처겠지요. 이런 여름의 감각으로 다른 계절을 견디는 것도 같고요. 여름이 주는, 초록으로 불타는 강력한 소진의 징후가 저를 놓아주지 않는 것 같습니다.

- 김영미 시집, 「맑고 높은 나의 이마」 85~86p에서

질문과 답이 마음에 들어, 나도 따라 해보기로 했다. 고사장이 묻고, 고사장이 답한다.

민박집 주인장에게 여름은 어떻게 찾아와서, 무엇을 남기고 가는 것일까요?

옥상 빨래줄에 이불을 널며 눈을 질끈 감아버리는 순간, 여름이 온 걸 실감합니다. 햇살이 왜 햇'살'인지 알겠더라고요. 사방이 초록인데, 그 초록이 이글이글합니다. 환청처럼, BTS의 '불타오르네'가 들립니다(싹 다 불 태워라 Bow wow wow~). 폭염은 숨통을 죄는 동시에 왼갖 숨붙이들을 부흥시킵니다. 물것이 창궐하고, 풀이 번창하겠지요. 낮엔 흰구름이, 저녁엔 노을이 융성하고, 코로나19 변수만 없다면 약 2주 남짓 민박집도 반짝 번창할겁니다. 주로 몸을 쓰는 현 사장은 땀방울과 함께 지방까지 탈탈 털려 더 마르고, 주로 마음을 쓰는 고 사장은 이너피스를 위해 밤마다 맥주를 마시다가 더 살이 오르겠지요. 장마로 시작된 여름은 태풍으로 마무리됩니다. 예약취소와 환불요청이 쇄도하겠지만, 괜찮습니다. 올 봄, 코로나19로 강하게 단련된걸요. 어쨌든 여름은 홑이불의 계절입니다. 커버 갈이 없이 훌훌 빨아 널면 그만인 여름 홑이불은, 서윤후 시인의 「휴가저택」속 한 구절을 빌려 표현하자면 '신이 내게 붙여놓은 반창고'와도 같습니다.

이제 드디어, 여름 이불을 꺼낼 때가 되었습니다. 순백의 반창고 내지는 파스를 몽도 손님들과 나누며, 남해에서 보내는 세 번째 여름을 통과할 겁니다. 어떤 밤은 충만하고, 어떤 낮은 피폐하겠지요. 달거나 닳거나 차고 기울며, 달의 리듬으로 굴러갈 겁니다, 이 여름 안에서.

2020년 6월 10일

만남의 장소

 3월과 4월이 쑥이었다면, 5월은 죽순으로 남았다. 남해엔 대숲이 흔하고, 5월엔 죽순이 제철이니까. 오월 대숲은 소리로 가득했다. 바스락바스락, 댓잎 스치는 소리 곁에 툭-툭- 죽순 분지르는 소리. 쑥이 '뜯는' 거라면 죽순은 '분지르는' 것, '부러뜨리는' 것이었다. 죽순을 채취한 날엔 그 흥이 잠들 때까지 남아, '오월 대숲엔 대나무 어린순 관절 꺾는 소리 툭-툭-'이라고, 나름 하이쿠를 흉내 낸 일기도 쓰고 잤다.

 냉동실에 얼려둔 죽순을 한 봉지씩 꺼내 전도 부쳐 먹고 들깨 볶음도 해 먹는데, 그 재미가 매우 쏠쏠하다. 밥반찬으로도 좋지만, 즐거운 식감 때문에 술안주로도 그만이다. 어제는 아껴둔 술을 맛있게 먹기 위해, 죽순 한 봉지를 해동해 홍합, 마늘, 양파와 함께 버터에 볶았다. 오로지 술을 위한 요리. 안주를 만들 때, 내 손은 제법 빠르다.

아껴둔 술의 이름은 '만남의 장소'. 몽도의 첫 여름을 함께 했던 효선&다솔 씨의 선물이다. 그해 여름 이후 매년 한 번씩 만나고 있으니, 이번이 세 번째. 매번 1박 2일 일정으로, 서울 남부터미널에서 아침 첫차를 타고 내려온다. 여행 패턴도 늘 똑같다. 남해터미널에 내려 택시를 타고 상주은모래비치로 직행. 온종일 바닷가에서 놀다 어둑어둑해지면 다시 택시를 타고 몽도로 귀가. 잠시 방에서 쉬다가 방란장으로 나와, 요즘 대도시의 힙한 주류 문화를 동천리 중년부부에게 소개하며 근황을 나눈다. 매월 마감하는 직업을 가진 사람들이라 주로 마감이 끝났을 때 내려오고, 전날까지 밤을 새고 일하다 오기도 한다. 그래서 늘 잠이 부족하거나 술이 부족한 상태.

긴 시간 바닷가에서 뭘 하고 놀았을진, 안 봐도 눈에 선하다. 바닷물에 발 한번 담그고 까르륵 거리다 술 한 잔 마시고, 숲 그늘에 돗자리 깔고 누워 한잠 자다 왔겠지. 잘 놀았어요? 물으면, 푹 잤어요! 라고 답하는 그들이다. 그렇게 바다를 좋아하건만(=바다 앞에서 자는 걸 좋아하건만), 어쩌다 바다는 코빼기도 안 뵈는 몽도에 코가 꿰어 해마다 잊지 않고 찾아온다. 하여 게스트도 호스트도, 한살 씩 나이 들어가는 모습을 서로에게 꾸준히 보여주고 있는 셈. 워낙 젊은 그녀들이라, 그때도 젊었고 지금도 젊다.

반드시 냉장 보관해야 하는 술임을 뒤늦게 알고, 남해터미널에 내리자마자 부랴부랴 각얼음 한 포대를 구입해 온도에 예민한 쌀술을 사수했다는데, 상주해수욕장에서 한나절을 보낸 각얼음은 몽도에 도착할 쯤 거의 물이 되어있었다. 얼음물이 뚝뚝 떨어지는 묵직한 비닐봉지를 건네며, "꼭 냉장 보관해야 하는 술이래요."라던 효선 씨. 우리가 일 년 만에 만나 나눈 첫 인사는, 그렇듯 까다로운 성질을 가진 술의 안부였다. 얼음물을 뚝뚝 흘리며 술과 얼음이 담긴 봉지를 종일 부스럭부스럭 들고 다녔을 걸 생각하니, 웃음이 나면서도 뭉클했다.

트렌드와 담쌓고 살지만 주류 트렌드만은 여전히 궁금한 내게, 대도시 처녀들이 알려준 올해의 힙한 술 '만남의 장소'. 훅 들어오는 술 이름과 보자마자 마음에 쏙 들었던 로고(반가사유상에서 따왔다고 한다)까지, 모두 즐거운 자극이 되었다. 묽은 요구르트 같은 질감에 엷은 단맛. 차분히 술이 올라 서서히 몸이 덥혀지는 느낌이 딱 좋은 12도. 도시처녀들이 알려준 대로 후추를 톡톡 뿌려 먹으니 더 오묘하게 맛있었다.

휴무를 기다려 개봉한 '만남의 장소'는 식도로부터 위장까지 보드라운 주단을 깔아주었고, 이후 냉장고에 저장해둔 각종 술이 그 주단을 타고 흘러들었다. 내 위장을 다양한 술들의 만남의 장소로 바꾸어 놓은 셈. 덕분에 오늘 하루 종일 골골댔지만, 짧은 시간 안에 융성과 쇠락을 극단적으로 오가는 이 몹쓸 경험을, 내 몸이 주기적으로 원하는 게 아닐까 싶기도 하다. 내일 망할 것이 분명한데, 오늘밤 흥하는 이유. 물론, 이런 흥망을 자주 가져선 안 된다. 젊지 않은 이 내 몸엔 지나친 자극이니.

간직하고픈 추억이 깃든 술병이 또 하나 늘었다. 늘 그래왔듯 씻어서 꽃병으로 재활용할 것이다. 지난 5월 그녀들과 나눠마셨던 한 병은 이미 로즈메리 물꽂이 용으로 사용 중인데,

머리에 로즈메리를 꽂은 반가사유와 눈이 마주칠 때마다 두 사람을 생각한다.

조심스럽지만 솔직하고, 어색하면서도 화기애애한 술자리를 함께 한 다음날 그녀들을 배웅할 때면, 헤어지기 싫은 친구를 보내듯 섭섭했다. 그녀들과 함께한 밤에 많이 웃은 이유를, 돌아서서 떠올리면 아련해지는 이유를, 나는 안다. 블랙아웃처럼 끊긴 한 시절을, 젊은 그들 덕분에 되살려 보고 있었구나. 청춘의 내가, 유령처럼 한 자리 끼여 들었구나. 그런 만남의 장소였구나.

돌아오고 또 돌아오는 그리운 기억처럼, 그들은 다시 올 것이다. 업데이트할 근황과 작금의 주류 트렌드를 싣고.

2020년 6월 11일

나의 향기 자본

로즈메리는 몽도에 가장 소중한 식물 자원이다. 방방마다 물꽂이해둔 로즈메리 가지와 각각의 침대 머리맡에 한 종지씩 담아둔 말린 로즈메리 잎, 몽도 아로마 미스트 원료 중 하나인 로즈메리 천연오일까지, 몽도의 향기는 로즈메리를 빼고 생각할 수 없다. 하여, 몽도를 꼼꼼히 둘러본 손님이라면 응당 이런 질문을 던지게 된다.

"이 많은 로즈메리가 대체 어디서 나는 거죠?"

쑥처럼 지천에 널려 꺾어올 수 있는 식물도 아니고, 몽도 마당과 옥상 화단에서 볼 수 있는 로즈메리는 가지치기를 할 만한 규모가 아닌 까닭. 간혹 상상력의 스케일이 큰 손님은 이렇게 묻기도 한다.

"어디, 로즈메리 농장이라도 갖고 계세요?"

반은 맞고 반은 틀리다. 농장은 아니지만 아담한 로즈메리 정원이 있다. 소유주는 아니지만 소유주와 초밀착 혈연관계다. 몽도에서 차로 5분 거리에, 필요한 만큼 언제든 꺾어 올 수 있는 로즈메리 정원이 있다는 건, 참으로 든든한 뒷심이 아닐 수 없다. 이 생에서 내가 쥔 패가 초라하다 느껴질 때, 엄마의 로즈메리 정원을 생각하면 어깨에 힘이 좀 들어간다. 나에겐 향기 자원이 풍부하단 말이지. 이런, 배경 있는 삶이라니.

자원은 적극 활용하는 것. 로즈메리로 할 수 있는 일들을 상상하다가, 스머지 스틱을 찾았다. 말린 허브 묶음을 의미하는 스머지 스틱은, 오래전부터 아메리카 원주민들이 몸과 마음의 치유를 위해 사용한 천연향이라 한다. 에너지를 불러들이고 액운을 막는다는…. 이렇게 인터넷에서 찾은 자료를 줄줄 읽자, 엄마는 바로 알아들었다.

"모깃불 같은 거구나? 나 어릴 땐 마당에서 말린 쑥을 태웠지. 향도 좋고, 모기도 쫓고. 로즈메리를 태우면 향기가 더 좋겠네."

로즈메리 가지를 대량 공급받기 위한 간략한 사업설명회에서, 엄마는 흔쾌히 오케이 했다.

"얼마든지 가져가. 어차피 가지치기도 해야 했어."

로즈메리 정원의 소유주는 원료 공급에 그치지 않고, 직접 제작에도 뛰어들었다. 내가 꼼지락거리며 스머지 스틱을 만드는 모습을 관찰하더니, 자신이 해보겠다며 나선 것. 엄마는 원래 손재주가 좋았다. 젊어서는 이대 앞에서 미용실도 운영했던 가위손. 그 미용실 앞 파출소 순경과 결혼해 사 남매를 낳았고, 덕분에 우리 형제들은 성인이 될 때까지 미용실에 가본 적이 없다(정말 가보고 싶었다). 엄마는 내가 인터넷에서 찾은 스머지 스틱 자료사진을 보내줄 때마다 적극적으로 아이디어를 내기도 하면서(색깔 고운 프랑스 자수실을 사와라, 14~15센티 이하로는 제작하지 않겠다, 길이가 너무 짧으면 볼품없다 등등) 스머지 스틱 제작에 열심이다. 막내딸은 그저, 내가 또 이렇게 노인 일자리를 창출했노라 거들먹거리며, 엄마가 키우고 만든 스머지 스틱을 싹 거둬 올뿐. 섭섭지 않게 수익을 나누겠노라 큰소리쳤지만, 계약서 한 장 존재하지 않는 불공정 거래.

오후 4시 손님 입실 즈음, 방란장에서 로즈메리 스머지 스틱을 태운다. 2020년 여름, 몽도의 오픈 의식. 20~30초 정도 짧게 타들어가지만, 로즈메리의 영혼 같은 흰 연기를 관찰하는 재미가 쏠쏠하다. '불멍'과는 또 다른 매력이 있는 '연기멍'이라 할까. 여름날, 흰 구름 흘러가는 걸 가만 바라보는 시간과도 닮아있는 멍 타임. 연기가 사라진 후 차분히 감도는 잔향이 좋다. 로즈메리니까. 생잎일 때도, 마른 잎일 때도, 그 마른 잎을 태울 때도, 로즈메리는 향기롭다.

2020년 7월 1일

무해한 마른 풀내

　스머지 스틱은 태워서 그 향을 즐기는 것이지만, 말린 허브 묶음을 태우는 것이니 연기가 발생한다. 불을 붙이면 20~30초쯤 짧게 타들어가다 꺼지기에 그리 부담스러울 정도는 아니지만(연기를 바라보며 멍 때리길 좋아하는 나는, 한 번은 아쉬워서 두세 번 연거푸 불을 붙인다), 환기가 쉽지 않은 실내에서 사용한다면 다르게 느낄 수도 있겠다.

　꼭 태워야 맛인가. 침대 머리맡에 걸어두어도 좋고, 연필꽂이 같은데 담아 책상에 두어도 좋다. 시가를 태우기 전에 그러듯, 스머지 스틱을 스윽 코끝에 스치는 것도 추천. 가까이 두면 어떤 방식으로든 향기와 접촉할 수 있다.

　담배를 끊고도 한동안 책상 위에 담배를 두고 지냈다. "술

이야, 담배야?"라고 물으면, "왜 그런 걸 물어!" 버럭 할 만큼 좋아했던 것을, 내 생활의 풍경 속에서 완전히 도려내기 싫었던 까닭이다. 이 상황이 금연인지 실연인지 모르겠다며 질척거린 시간이 꽤 길었지만, 이제는 어엿한 금연인. 그래도 가끔 계절 별미를 챙기듯, 떨어진 잎들이 수런대는 가을밤에 한 대, 차고 맑은 겨울밤에 또 한 대 정도는 피울 수도 있다고 생각한다. 언젠가 다시 만날 수 있다고 여지를 열어두는 것만으로도 지그시 눌러지고 옅어지는 그리움이 있다. 담배도 그중 하나.

스무 살이거나 스물 한두 살이었을 때, 너에겐 늘 마른풀 향이 나, 라는 말을 들은 적이 있다. 그즈음 유행하던 소설 문체 같은 뜬금없는 저 대사에, 짧은 순간이지만 흔들 했던 기억. 하지만 이어진 다음 말은 "담배 있냐?"였고, 나에게 난다는 마른풀 향이 담배 냄새라는 걸 깨달았다. 담배는 있어도 내주지 않았을 것이다. "있어도 없다. 돛대니까!" 그리고 내뺐겠지. 일상 속 대화도 소설 문장처럼 치던, 소설은 안 쓰고 술만 마시는 주제에 꿈은 소설가였던, 그때의 친구들이 가끔 그립다.

스머지 스틱을 만들며 좋은 건, 방안에 늘 마른풀 냄새가 난다는 것이다. 창가에 스머지 스틱을 매달아 말리는 중인데, 갓 꺾은 로즈메리의 초록 잎이 옅은 카키색으로 건조되는 과정을 보며, 매일 조금씩 달라지는 향을 경험한다. 처음의 향은 쨍하다. 로즈메리네! 하고 바로 알 수 있는 로즈메리 그 자체. 하지만 말라 가는 과정 속엔 로즈메리 특유의 톡 쏘는 향이 뭉개진다. 알 것 같은 향이지만 바로 생각나지 않는, 이 향은 복합적이다. 저물녘, 폭주하던 한낮의 열기가 잔열로 남아있는 옥상의 공기. 종일 달궈진 흙과 돌과 식물들이 한 김 식어가며 내뿜는 미지근한 숨. 빛도 열도 사윈 여름의 잔향. 다시, 마른풀 냄새가 나는 사람이 되었다. 어린 시절에 풍기던 마른풀 냄새보다 지금 내 몸에 밴 마른풀 냄새가 무해한 것은 확실하다.

2020년 7월 6일

옥외 화장실 분투기

손성제의 〈비의 비가〉는 비가 올 때 꼭 생각나는 앨범이라, 7월 내내 방란장에서 꽤 많이 틀었다. 조원선, 하림, 이상순 등 피처링으로 참여한 뮤지션들도 호감 일색에, 수록된 12곡 모두 아름다워서, 어쩌면 앨범 하나에 좋은 노래들이 이렇게 수두룩한가 매번 감탄한다. 그중, 아침에 문득 행복한 기분이 드는 순간, 머릿속에 자동 플레이 되는 노래가 있다. 이상순이 깨나른하게 부른 '천국의 아침'이란 노래인데, 그 내용인즉, 오늘 아침에도 나보다 먼저 눈을 뜬 네가 바스락, 달그락, 내가 깨지 않도록 조심조심 하루를 시작하는 소리에, 이미 잠은 깼지만 눈을 감은 채, '혹시 어딘가에 천국이 있다면, 그곳은 아마 이런 곳일 거야, 이렇게 너의 고운 숨소리에 눈을 뜨는 아침, 꿈이라면 깨어나지 않기를…' 하는 읊조림으로 마무리된다.

오늘 아침, 눈 뜨자마자 요의를 느끼며 그 노래를 떠올렸다. 눈곱을 떼고, 헝클어진 머리를 손가락으로 쓱쓱 빗어 묶고, 타인과 마주쳤을 때 부끄럽지 않을 의복을 갖추고, 살금살금 마당으로 나가지 않아도 된다는 게 좋아서. 흐트러진 모습 그대로 눈 비비며 저벅저벅 거실로 나가, 거실 화장실을 사용해도 된다는 게 너무 좋아서. 나에겐 '너의 고운 숨소리에 눈을 뜨는 아침'보다, 그 누구의 눈치도 볼 필요 없이 편안하게 실내 화장실을 사용하는 아침이 더 감미로운 것이어서. 휴무 아침이면, 이렇듯 사소하고도 긴요한 이유로 이것이 나의 '천국의 아침'이라며 이상순의 노래를 흥얼거리는 것이다.

손님들과 마찬가지로 숙박채에 방 한 칸을 사용하는 우리 부부는, 광합성과 만옥관에 손님이 머무는 날엔 거실 화장실을 일절 사용하지 않는다. 거실 화장실은 그 두 방에 묵는 손님들이 사용하는 화장실이기 때문이다. 거실이나 화장실과 같은 우리만의 기본적인 생활공간을 따로 갖추지 못한 민박집을 운영하며 가장 힘든 점은, 타인을 의식하지 않고 방만하게 늘어져 있는 시간을 갖기 힘들다는 것이다. 방 안에서 그러면 되겠지만 그리 넓지도 않은 방에 둘이 그러고 있노라면, 우리 안에 갇혀 정형 행동을 보이는 곰들 같아 문득 시무룩해진다. '혼자 있을 때조차 삼가라'는 퇴계 선생의 말을 받잡고 선비답게 사는 것이다! 라고 허세와 정신승리를 일삼지만, '민박집'을 온전히 우리만의 '집'으로 사용하는 휴무는, 우리의 건강한 삶과 지속가능한 민박집 운영을 위해서라도 꼭 필요하다. 타고난 성정이 선비와 무관한 내겐, 삼가지 않는 삶, 삿된 음식을 먹고 마시며 허술한 언행을 일삼는 시간이 반드시 필요하다.

어쨌든 오늘 아침을 마지막으로, 휴무 없이 달리는 14일간 일수와 나는 야외 화장실만 사용하게 될 터인데, 야외 화장실이 딱히 불편할 건 없다. 작은 창문 밖으로 넘실거리는 초록빛 다래 밭과 대밭이 근사해, 나름 뷰 맛집이기도 하다. 다만, 새벽에 요의를 느낄 때면 난감하다. 현관문을 열고 나가 몇 걸음 만에 도달하는 화장실이지만, 세상엔 어두운 밤이나 새벽녘, 제 집 옥외 화장실을 사용하는 것에도 마음을 단디 먹어야 하는 쫄보가 있는 것이다.

어릴 때 살던 집도 화장실이 마당에 있었다. 여름밤, 수박을 많이 먹고 자면 어김없이 오줌이 마려워 새벽녘에 잠이 깼는데, 도저히 혼자 화장실에 갈 용기가 안 났던 나는, 내 옆에 잠든 작은언니를 깨우곤 했다. 아이들이란 자다 깨는 걸 정말 귀찮아하는 법이지만, 언니도 언젠가 나를 깨워야 할 새벽이 있기에, 투덜거리면서도 일어났다. 화장실에 동행하는 사람은 화장실 밖에서 지속적으로 인기척을 냄으로써 '안심하고 볼일에 집중해라, 내가 네 가까이에 있다'는 것을 알리는 역할까지 해야 했다. 노래를 부른다거나 끝말잇기라도 던진다거나. 그걸 잠이 덜 깬 눈도 다 못 뜬 채 해야 했던 어린 언니와, "언니, 거기 있지?" 불안한 목소리로 자꾸 묻던 더 어린 나. 유년의 옥외 화장실 분투기를 떠올리며, 일수를 몇 번 깨워본 적도 있으나 남편은 언니 같지 않았다. 부부지간보다 자매지간이 더 끈끈해서 그런 건 아닐 테다. 어린 시절 언니와 내게 한밤의 화장실 동행은 품앗이고 동맹이었다. 언니도 나의 동행을 필요로 하는 순간이 있었으니까. 하지만 일수에겐 나의 동행이 전혀 필요치 않으므로 동맹이 이루어질 리 없다.

사람은 어떻게든 환경에 적응한다. 내가 선택한 집이고 삶이면서도 다소 불편한 화장실 문제로 투덜거린 시간이 길었지만, 이젠 나름 식생활과 수면 패턴을 조절하여 생활의 불편을 다독인다. 방법은 간단하다. 밤에 차나 맥주를 마시게 되면, 두세 시간 깨어 있다가 자러 들어가는 것. 소화시키고, 충분히 배출한 뒤 자면 된다.

동생의 어린 아들이 기저귀를 뗀 뒤, 자기 전에 화장실을 두 번 세 번 자꾸 가더란다. 딱히 오줌이 마려운 것 같지도 않은데 왜 자꾸 화장실에 가나 물어보니, 아이가 한밤중에 오줌이 마려워 잠을 깬 적이 몇 번 있었던 모양이다. 자다 깨는 경험이 영 불쾌하고 불편했던 요 깜찍한 네 살 인생이 나름의 꾀를 낸 것이, "오줌을 다 누고 자면, 자다가 안 깨도 돼!" 였다고. 동생에게 그 이야길 듣고, 네가 천재를 낳았구나! 감탄하는 한편, 아이도 저렇게 조절하거늘 불혹도 한참 넘긴 나는 뭔가 싶은 자괴감이 들었다. 그래서 조절하기 시작했다. 네 살 인생에게 배운 건강한 수면습관. 내 방광을 수수방관하지 않겠다는 적극적인 생의 의지. 아이에게 배우는 것이 참 많다.

2020년 7월 28일

여름의 사치

술술 읽은 「아무튼, 여름」에서 유독 기억에 남는 이야기는, '수입맥주 만 원에 네 캔'도, '혼술'도, '낮술'도 아닌 '샤인 머스캣'이다. '특별한 날에는 백화점 과일 코너에 간다'라는 제목의 '샤인 머스캣' 편을 읽으며, 머릿속에 맴도는 사람이 있었다. 진주에서 과일 선물가게를 운영하는 윤 사장님. 일수와 내겐 '진주 서진'으로 통하는 몽도 손님이다.

내가 샤인 머스캣을 처음 먹어본 건 2018년 10월 13일, 몽도 백일잔치 '백일몽(부제: 아이 대신 여관을 낳았지, 그 여관이 이제 100일!)'을 치르던 날이었다. 순전히 '백일몽'이란 타이틀에 꽂혀 충동적으로 기획하고 진행했던 그 잔치 이후, 일수와 내가 종종 하는 말이 있다. "이제, 아무것도 하지 마! 아무 일도 벌이지 마!" 우리가 놀고 싶어 벌인 일이었으나 술 한 잔 마실 짬도 없이 허둥대다가, 제 어리석음에 슬슬 부아가 치밀어 오르던 그 밤. 시끌벅적 무르익은 잔치 한가운데 과일 꾸러미를 들고 홀연히 나타난 손님이 있었으니, 그이가 바로 진주 서진이다. 당시 그녀가 들고 온 맛있는 과일 중에서, 입에 넣자마자 "이게 뭐야?" 하고 놀라버린 청포도가 내가 처음 맛본 샤인 머스캣이었는데, 검색해보니 '열풍'이란 단어와 붙어 다니는 과일이었다. 그해 초여름부터 동천리에 콕 박혀 일만 하고 산 우리로선 처음 접하는 신문물이었을 뿐이고.

백일잔치 일주일 전쯤 몽도에 혼자 묵었던 서진 씨는, 두 가지 포인트로 깊은 인상을 남긴 손님이었다. 첫째, 진주에서 왔다는 점. 진주는 허수경 시인의 고향이고, 진주냉면의 고장이고, 남해에서 가장 가까운 대도시란 이유로 좋아하는 도시여서, 손님이 진주에서 왔다고 하면 "아, 진주요?" 하고 눈을 반짝하던 때였다. 둘째, 푸르게 젊은 그녀가 과일가게 '사장님'이라는 것. 소규모 자영업자가 된 이래, 1인 가게를 운영하는 이들의 노고에 감정이입을 무한히 하던 때라, 윤서진 씨, 라고 부르다가 바로, 아아, 윤 사장님! 으로 호칭을 고쳤던 게 생각난다. 처음 본 손님이 이웃처럼 느껴져서(진주까진 이웃 아닌가 싶기도 했고), 우리 곧 백일잔치할 건데 시간되면 놀러 와요, 라고 가볍게 초대의 말을 던졌건만, 이를 무겁게 받아 안은 윤 사장님이 가게 마감 후 한 시간 쯤 차를 달려 정말 몽도에 온 것이다. 그 때가 저녁 10시 쯤 됐을까? 축하인사만 전하고 간다는 걸 붙잡아 앉혀 막걸리를 따라주고(술을 마시면 운전을 할 수 없으니까), 무조건 자고 가라 붙들었던 게 인연의 시작이었다.

나는 과일의 전생이 꽃이라는 걸, 그러므로 꽃보다 아름다운 과일에 놀랄 이유가 하나도 없다는 걸, '버킷리스트'의 과일바구니를 보며 새삼 마음에 새겼다. 우리가 진주 나갈 일이 있을 때 들르기도 하고, 그녀가 또 남해로 놀러 오기도 하면서 잔잔히 사귀어 온 진주 서진은, 연재 2회 만에 흐지부지 사라진 기획물이긴 하나, 한때 내가 애정을 갖고 썼던 '내 손님의 집은 어디인가' 프로젝트의 첫 주자이자, "진주에 아는 동생 있는데…" 할 때의 주인공이다(동생이라 하기엔 업어 키우다 한글도 가르쳤을 나이 차가 나긴 하나). 진주 시민에게 "하대동 팥빙수 안 먹어봤어요?" 하고, 진주 맛집에 대해 아는 척할 수 있는 것도 그녀 덕분. 희대의 백일잔치 때도, 영문 모를 발목 통증으로 병원을 전전하던 때도, 그 계절에 가장 맛있는 과일로 축하와 걱정을 전해왔던 다정한 진주 동생은, 몸도 마음도 무거운 여름날, 복숭아로 또 위로를 건넨다. 아름다운 복숭아를 '짝'으로 먹는 일은 여름날 누리는 최고의 사치. 한 손 가득 쥔 과일을 숭덩 베어 물고 단물을 추릅거리며, 과연 복숭아, 맥주, 일몰이야말로 여름 3대장이 아닌가 생각하는 것이다.

내게 익숙한 '서진'이란 단어는 붓글씨를 쓸 때 화선지를 누르는 서예도구. 책장 또는 종이 쪽이 넘어가지 않도록 눌러놓는, '문진'이라고도 부르는 그것. 차분한 서진이 팔랑거리는 내 마음을 지그시 눌러주니, 홀린 듯 무언가 쓰고 있다. 「아무튼, 여름」의 작가는 '축하할 일이 있는 날 = 샤인 머스캣 먹는 날'이란 공식을 만들어 특별한 날에는 백화점 과일 코너에 간다는데, 그 특별한 날엔 '스스로 최선을 다했다 자부하는 날'도,

'생일이거나 생일이었으면 좋겠다 싶은 날'도 포함된다. 나도 그런 날을 만들어야겠다. 마땅히 축하받아야 할 당신에게 내가 선물할 수 있는 사치의 최선을 다하고픈 날. 혹은, 내가 만들고 내가 기억하는 나의 기념일. 그런 날엔 진주시 하대동 '버킷리스트'에 가야겠다.

2020년 8월 8일

몽도의 아침

 귀한 선물을 받았다. 음악 선물이다. 제목은 '몽도의 아침'. 일수와 내겐 '정우 아빠'로 불리는 단골손님, 채기영 씨가 작곡한 기타 연주곡이다. 정우네 가족이 몽도에 묵었던 지난가을, 채기영 씨는 아침 일찍 눈을 떴다고 한다. 내가 좋아하는 김목인의 노래, '음악가, 음악가란 직업은 무엇인가' 풍으로 그날의 이야기를 구성해보자면 다음과 같다.

 음악가, 음악가란 직업은 무엇인가. 누구도 강요하지 않지만 아침에 눈뜨자마자 문득 떠오른 멜로디를 흥얼거리는 것. 음악가, 음악가란 직업은 무엇인가. 떠오른 악상을 놓칠 수 없어서, 한참 더 자야 하는 아내와 조금만 더 잤으면 싶은 아들이 깨지 않도록 살그머니 방문을 열고 잠겨 있는 현관문도 열고 마당으로 나와, 혼자만의 시간을 갖는 것. 음악가, 음악가란 직업은 무엇인가. 시월의 청명한 아침, 바람에 살랑이는 대숲과 눈부신 햇살도 아름답지만, 맑은 새소리에 훅 홀려버리는 것. 음악가, 음악가란 직업은 무엇인가. 그처럼 듣기 좋은 소리를 놓칠 수 없어서, 녹음 모드의 휴대폰을 하늘 높이 쭉 뻗어 올려 소리를 채집하는 것. 179cm의 채기영 씨가 한 손을 힘차게 뻗어 올렸다 하니(까치발도 들었을까?), 몽도 앞 마을회관 처마를 주 서식지 삼은 새들과의 거리가 아주 멀진 않았겠다.

'몽도의 아침' 도입부와 후반부에 가득한 새들의 지저귐은 그날, 채기영 씨가 몽도 마당에서 녹음한 새소리로, 남해군 삼동면 동천리에서 흔히 들을 수 있는, 가을 아침의 소리다.

남해에서 지낸 첫 봄, 우리가 가장 감탄했던 것도 새소리에 눈뜨는 아침이었다. 시골의 밤은 너무 어두워 겨울이 더 길게 느껴지곤 했는데, 겨우내 잠잠했던 새소리가 다시 들리기 시작하면 사방에 봄기운이 돌았다. 봄 내내 함께 한 새소리가 잦아드는 건 여름이다. 장마철엔 거의 들을 수 없고 비 그치면 조금 들리긴 하나, 새소리에 눈뜨는 여름 아침의 기억은 드물다. 여름은 아무래도 매미의 계절이니까. 다시, 온전히 새소리에 집중하게 되는 건 가을이다. 여름이 가면, 새가 온다. 그리고 그때, 정우네 가족도 왔다. 동천리 새들이 유독 곱게 지저귀던 맑은 가을날.

채기영 씨는 록밴드에서 드럼을 쳤다. 기타를 배우러 밴드 연습실에 온 카랑카랑하고 쨍한 순희 씨를 만나 연애하고, 결혼하고, 정우를 낳았다. 밴드를 그만뒀으나, 음악을 놓진 않왔다. 그들 부부의 연애와 결혼 스토리를 듣다가, 그들이 어울리던 동네 한구석에서 젊은 일수와 나도 놀고 있었겠구나 싶어 흥미로웠다. 청춘의 시기와 놀던 동네의 동선이 다소 겹친다. 우리는 젊은 어느 날, 한 사람은 무대에서 연주하고 또 한 사람은 그런 그를 애정 어린 눈길로 바라보고, 어떤 두 사람은 그 무대의 음악 소리와 멀지 않은 곳에서 술을 마시고 있었을 테다.

정우네 가족은 몽도 초기 손님이다. 오픈 두 달 차에 처음 만나, 거듭 만나고 있다. 지난가을, 채기영 씨는 방란장 문을 열고 가방을 내려놓으며, "아! 집에 왔다…"고 혼잣말 했고, 난 어쩌다 그 말을 주워 담고는 돌아서서 웃었다. 부부 모두 충북이 고향이거늘 남해에 와서 향수를 느끼는 게 재밌고, 몽도를 그들의 고향집처럼 아껴주는 게 고맙다.

기운 빠지는 연말이지만, '몽도의 아침' 덕에 종종 웃었다. 핸드폰 벨소리로 등록해 전화벨이 울릴 때마다 듣는데, 벨소리 들으며 아련해지다가 이너 피스를 찾긴 또 처음이다. 스팸(으로 미루어 짐작되는) 전화가 와도, 벨소리를 감상하느라 짜증을 잊는다. 잠들기 전에 두세 번 돌려 듣고, 아침에 기상 음악으로도 듣고 있다. 몽도 공식 BGM을 갖게 되었다고 형제들에게 제일 먼저 자랑삼아 들려줬는데, 요즘 불면증으로 고생하는 큰언니가 잠들기 전에 이 음악을 들으니 마음이 편안해져 좋았다며, 반복 청취할 수 있도록 음원을 보내 달라했다. 이렇듯 세상을 널리 이롭게 하는 음악이라니. 음악의 힘이 이런 건가 싶다.

남해를 생각하면 몽도도 떠올릴 얼굴들이 몇몇 짚인다. 만나고 싶었으나 올해, 단 한 번도 만나지 못한 사람들. 그동안 '정우 아빠'라고만 부른 게 영 미안해지는, '음악가 채기영' 씨가 몽도에 보내준 이 아름다운 선물을 그들과 나누고 싶다.

2020년 12월 24일

방 치는 마음

노동절에 소개할 만한 책을 찾다 제철소 인터뷰집 시리즈 '일하는 마음'이 떠올랐다. 「문학하는 마음」 이후 또 어떤 마음들을 만났을까 궁금해 검색해보니, 「다큐하는 마음」과 「미술하는 마음」이 나온 모양이다. '일하는 마음' 시리즈의 건승을 빌며, 아무도 안 물어봤고 안 궁금해하지만 어쩐지 말하고 싶은, '방 치는 마음'을 종종 들여다보려 한다. '일하는 마음' 시리즈의 작명법을 흉내 내 '민박하는 마음'이라 할까도 했으나 이는 민박업 종사자의 마음이라기 보단 민박집에 묵는 손님의 마음처럼 느껴져, 민박업을 한마디로 설명하는 말이라 여겨 내가 즐겨 쓰는 '방을 치다'를 사용하기로 한다.

"방이나 한 두어 개 치지 뭐. 둘이 밥은 먹고살지 않겠나…"

남해로 이주하기 전, 밥벌이는 어떻게 할 것이냐 묻는 친구들에게 했던 말이다. 카페와 게스트하우스는 귀촌인의 흔한 선택지였고, 커피와 음료, 디저트 류의 전문성이 요구되는 카페보단 게스트하우스의 진입 장벽이 낮게 느껴졌던 까닭이다. 빨래, 청소, 베딩, 요리, 설거지, 집 단장, 접객…. 민박집의 일들을 어림잡아보며, 살림의 확장판쯤 되겠구나 예상했다. 맵찬 살림꾼은 아니지만, 살림의 영역에 들어가는 일들을 꽤 좋아한다 여겼다. 주술적인 기물들을 늘어놓고 걸어놓고 보며 즐거워한다거나(이것을 인테리어에 대한 관심이라 여겼고), 내가 먹을 술안주를 준비하며 흥이 솟구친다거나(이것을 요리에 대한 애정이라 여겼고), 한 달에 한 번쯤 청소를 하면서 쓸고 닦는 일의 보람을 칭송했으니. 나는 나와 사십몇 년을 살고도, 그렇게나 나를 몰랐다.

사실, 민박집의 일을 예상하며 딱 하나 두려운 건 '접객'이었다. 무엇에 홀린 듯 덜컥 집을 계약하고, 인생에서 가장 큰 쇼핑(집을 사다니!)을 저지른 두려움에 덜덜 떨었던 밤도 있었지만, 정녕 무서웠던 밤은 '매일, 우리 집에, 낯선 사람들이 와서 자고 간다!'는 걸 자각한 순간이었다. 대체, 우리가 무슨 일을 저지른 것인가, 엎질러진 물처럼 울기도 했다.

엎질러진 물은 주워 담을 수가 없어서, 그 흥건한 물을 훔치며 산지 햇수로 4년 차에 접어든다. 사람의 적응력이란 얼마나 놀라운지. 내가, 지구 상에서 멸종 가능성이 가장 희박한 생물군에 속하는 '인간'임을 새삼 깨달았다. 온몸이 귀가 된 듯, 집에서 나는 모든 소리에 귀 기울이느라 토막잠을 자던 내가 이젠 잠도 푹푹 자고, 손님에게 몇 시쯤 입실 예정인지 묻는다거나 예약 취소 시 환불규정을 알리는 문자 하나 보내는 데도 10분 이상 고민하던(이모티콘을 찍어야 덜 딱딱해 보일까? 이 상황에 웃음 마크를 찍는 건 실없지 않나? 눈물은 과하지 않나?… 이런 걸 고민하는 데도 5분쯤 걸렸으나) 내가, 이젠 30초 내로 응대한다. 아이스 브레이킹을 왜 해야 하는지, 각자 얼음으로 존재하다 녹으면 녹고 금이 가면 금이 가고 동동 떠내려갈 수도 있는 일이지, 했던 내가, 낯선 집에 들어와 다소 경직된 여행자에게 먼저 날씨나 멸치쌈밥 같은 이야길 건넬 때도 있다. 〈윤스테이〉를 보며 감탄했던 스몰토크의 달인, 최우식처럼 위트 있고 다정하겐 못하지만, 필요하다 싶으면 내가 할 수 있는 만큼 한다. 나도 손님이 낯설지만, 손님에게도 주인장이 낯설다는 걸, 더욱이 그들에겐 남해라는 지역, 동천리라는 동네, 몽도라는 공간까지, 낯섦이 첩첩이라는 걸, 이제는 안다.

'방을 치다'는 표현의 '치다'가 화투를 치거나 벌을 치거나 눈웃음을 칠 때의 '치다'는 아닐 테고, '어렵거나 힘든데 치르거나 겪다'의 뜻일듯 싶은데, 여기서 흥미로운 건, 방 치는 마음의 명암이 그대로 담겨있는 듯한 관용구, '치르다'다.

   (손님을) 받아 대접하여 보내다: 손님을 치르다.
   (어떤 일을) 당하여 겪어 내다: 홍역을 치르다.

지난 3년을 돌아보면, 주인장이 손님에게 '환대' 받기도 하는구나 싶을 만큼 따뜻한 에피소드가 수두룩하지만, 더러 손님이 아닌 홍역을 치르는 듯한 순간도 있었다. 다행히 그런 일은 드물었고, 홍역의 강도도 그리 거칠진 않았다. 그럼에도 언제나 홍역을 염두에 두고 산다는 건 변함없다.

2021년 5월 1일

어쩌다 사장

어쩌다 보니 이번 주엔 이장님과 세 번이나 술을 마셨다. 한 번은 저녁으로, 두 번은 점심을 겸한 생활 반주라 과음은 없었고, 딱 기분 좋게 술이 오를 만하다 술을 깨고 깔끔하게 각자의 업무와 일상으로 복귀하는 식이었다. 시골 이장님 댁 마당에 차린 술자리라고 소주만 있는 풍경을 생각하면 오산이다. 초록색 소주 박스를 엎어 만든 간이 테이블은 웬만한 캠핑용 폴딩 박스 테이블보다 감성적이었고, 주종은 칵테일이었으니. 녹았다 다시 얼어 한 덩어리가 되어버린 각얼음 봉지를 지축이 울리도록 철근 기둥에 탕탕 부딪쳐 쪼사 주고, 마당 텃밭에 심은 애플민트 잎을 뚝뚝 뜯어 넣은 이장님 표 진토닉은 매우 좋았다. 이제 진짜 여름이구나 싶은 볕이 시멘트 바닥을 눈부시게 달구는 오후. 술잔의 얼음을 짤랑짤랑 흔들며 민트향과 베리향이 섞인 술을 마시니 기분이 상큼해졌다. 이장님은 "이 술이 좋은 게, 확 오르는가 싶다가 싹 깬다"고 말씀하셨는데, 정말 그랬다. 얼음이 녹아 물이 됐고, 제아무리 도수 높은 술도 물에 희석되면 물맛. 알코올은 가고 향만 남았다. 이장님은 술을 마시다 참다래 인공수정작업을 해야 한다며 휘리릭 떠나셨고(농사는 때를 놓치면 안된다), 나는 물이 된 술을 마저 마시고 몽도로 돌아와 입실 안내를 했다.

이장님과 가진 술자리는, 별거 아닌 작은 도움에 대한 이장님만의 확실한 답례였다. 어쩌다 보니 간단한 문서작업을 도와드리게 됐고, 그 와중에 이장님의 생년월일을 알게 되었는데, 나이 차도 얼마 안 나는 데다 나와 같은 여름 생이라 더 친밀감을 느끼는 계기도 됐다. 마음 약하고 술 좋아하는 사람들은 다 여름 생인가, 싶은 생각도 잠깐. 이장님께 호감을 갖게 된 이유 중 또 하나는, 현일수와 먼저 편한 관계를 맺고도, 나를 '제수씨'라 부르지 않는 점이다. 현일수를 한번 우회하는 호칭을 택하지 않고, 동등하게 일수야, 우정아, 라고 부르거나 현 사장, 고 작가라 부르는데, 갑자기 몽도에서 내 직위는 어떻게 되냐 물으셔서, 나 또한 사장이니 '고 사장'이라 불러달라 했다.

몽도를 막 오픈할 당시, 손님들에게 나는 어떻게 불리게 될까, 불러줄 사람도 없는데 혼자 고민했던 적이 있다. 초기엔 쉬 지치고 자주 깨지는 내 마음도 다잡을 겸, '나는 누룽지보살이다, 보살 된 마음으로 누룽지를 끓이다 성불하자'고 스스로 최면을 걸었던 터라, '누룽지보살'의 줄임말인 '누보'를 앞세우기도 했다. 프랑스어 같은 '몽도'와 '누보'가 꽤 괜찮은 조합이다 싶기도 했던 터. 하여 초기 손님 중엔 살갑게 나를 '누보 님'이라 부르는 이도 몇 있었으나, 차츰 손님들과 이야기 나누는 일도 줄고, 본격적인 거리두기의 시절을 지내면서, '누보'는 사라진 말이 됐다.

처음엔 '사장님-'이란 호칭이 영 어색했으나, 3년쯤 되니 여러모로 편안하다. 나이와 성별이 묻히고, 경계와 존중은 충분하다. 언젠가 한 손님이 '아주머니'라고 부르는 바람에 표도 못 내고 혼자 삐친 적이 있다. '홍시 맛이 나서 홍시 맛이 난다' 하듯, 아줌마를 보고 나름 예를 갖춰 '아주머니'라 부른 게 뭐 삐칠 일인가 싶으면서도 토라진 마음이 오래간 걸 보면, 자영업자가 많은 한국에서 '사장'은 꽤 평화로운 호칭인 듯싶다. 자잘한 규모의 민박집이라 해도 '책임자'라는 측면에서 사장이라 불리지 못할 이유도 없다. 드물긴 하나 '주인장'이라 부르는 손님도 있는데, 고풍스러운 느낌이라 그 또한 마음에 든다.

2021년 5월 23일

네 번째 여름

"'꿈 몽夢'에 '복숭아 도桃' 자를 씁니다."

몽도가 무슨 뜻이냐 묻던 초기 손님들에게, 참 많이 했던 말이다. '꿈 몽夢'까진 이견의 여지가 없으나, 도는 '길 도道'이거나 '섬 도島'일 거라 생각했던 손님들은 느닷없는 '복숭아 도桃' 앞에 눈을 반짝했다. 그때를 놓치지 않고, "우리 마을의 옛 이름이 '복숭아 숲'을 뜻하는 '도림桃林'이에요. 옛날에 복숭아나무가 많았대요." 라고 말하는 수순을 좋아했다. 전설이 주저리주저리 열리는 무릉도원의 해설사라도 된 것 같은 순간.

어떤 술집 이름에 꽂혀 그 술집이 있는 도시로의 여행을 계획할 만큼 단어의 분위기에 잘 휘둘리는 내게, 도림은 설득력이 충분했다. 이름에 복숭아를 품고도 복사꽃 보기 힘든 마을에 산다는 것, 이름에 바다 해海를 새긴 남해南海로 이주하고도 바다 한 귀퉁이 뵈지 않는 농촌에 산다는 것, 그 일관된 아이러니에도 의미를 매기던 시절이 있었다.

구글 포토가 소환한 3년 전 오늘은 남해로 이주한 날이었다. 이삿짐 트럭을 먼저 보내고 빈집을 둘러보다 찍은 사진을 보니, 나는 너무 울어 눈이 퉁퉁 부어있다. 가라고 등 떠민 사람도 없고 저 스스로 이주를 결정했건만, 마치 유배라도 가는 듯한 비장함이라니. 어쩌겠나. 이별에 유독 취약한 타입인 것을. 그렇게 눈물범벅으로 떠난 장거리 이삿길의 BGM은 뭐였을까 궁금해 2018년 6월, 멜론에서 집중적으로 들은 음악을 찾아보니 대략 짐작이 간다. '생각의 여름'의 '안녕'. '보내도 가지 않는 시절이여, 안녕-'을 따라 부르며 훌쩍거렸겠지.

큰 도로에서 우리 마을로 들어오는 진입로 초입엔 차량이 농로로 들어가지 않도록 세워둔 '길 없음' 표지판이 있다. 붉은 바탕에 흰 글씨가 선명하게 도드라져 지나칠 때마다 시선이 붙들리곤 했는데, 그날의 기분 따라 '길 없음' 앞에 괄호넣기를 하여 읽곤 했다. (도망갈) 길 없음, (돌아갈) 길 없음, (좌우간) 길 없음. 대체로 우울한 날 바라보게 되는 표지판이었다. 3년 동안 붉은 바탕색이 점점 바래다가 색이 완전히 날아가버린 표지판은 이제 '길 없음'이란 글자를 식별할 수 없게 됐다. (길 없음조차) 길 없음.

요 며칠 하루에 한 번씩, 의식적으로 옥상 타임을 갖고 있다. 맥주 한 캔을 비우는 시간만큼, 좋아하는 노래를 두세 번 연거푸 듣는 시간만큼 머물다 내려온다. 아직 물것이 창궐하기 전이고 일몰이 한창 예뻐지는 중이고 서늘한 밤공기가 매우 쾌적해 옥상을 즐기기엔 적기이기도 하거니와, 최근 들어 내가 옥상을 잊고 지냈다는 걸 자각한 까닭이다. 옥상은 이 집을 처음 보러 왔을 때, 단박에 반한 공간이었다.

3년이란 시간 동안 익숙해진 생의 불편과 무뎌진 아름다움에 대해 생각한다. 세 번의 여름을 보내고, 이제 네 번째 여름 앞에서.

2021년 6월 7일

퇴실 안내

3년 전 여름, 몽도를 오픈하며 블로그에 올린 '몽도 사용설명서'는, 주인의 일상과 손님의 비일상이 겹쳐지는 공간을 보다 평화로이 공유하기 위한 고민으로 점철돼 있다. 입실 안내의 문서 버전이라 할 그 글은, 우리 부부의 이름을 새긴 문패 사진과 함께 다음 글귀로 마무리 된다.

부부가 운영하는 민박집입니다. 또한 부부의 첫 집이기도 합니다. 집을 한 권의 책에 비유할 수 있다면, 몽도는 한창 집필 중인 책입니다. 몽도를 첫 장부터 읽고 싶은 페이지까지, 너그러운 시선으로 읽어주세요. 손가락에 침 묻혀가며 읽어도 되고, 읽던 페이지를 강아지 귀처럼 접어도 되지만, 부디 찢진 마세요.

찢어질까 두려웠던 처음의 마음을 기억한다. 주인장이 바라는 고요한 밤과 손님이 꿈꾸는 설레는 밤이 자주 부딪치는 시절이었다.

한 줄 한 줄 공들여 쓰고 있는 책과 같은 이 집을 거듭 고쳐 쓰고 다듬어 오는 동안, 그런 두려움은 차츰 사그라들었다. 서로의 기척을 살피고 삼갈 것도 많은 이 불편한 민박집에 마음을 포개 준 손님들을 거듭 만나온 까닭이다. 이제, 몽도 사용설명서의 저 마지막 단락은 이렇게 수정될 것이다.

집을 한 권의 책에 비유할 수 있다면, 몽도는 주인장과 길손이 함께 집필 중인 책입니다. 몽도를 첫 장부터 읽고 싶은 페이지까지, 너그러운 시선으로 읽어주세요. 손가락에 침 묻혀가며 읽어도 되고, 읽던 페이지를 강아지 귀처럼 접어도 됩니다. 그리고 당신의 이야기를 보태주세요. 엔딩까진 아직 갈 길이 더 남았으니까요.

숙박일지

글	고우정
디자인	도토리워크
1쇄 펴낸 날	2022년 1월 8일
2쇄 펴낸 날	2022년 3월 8일
펴낸 곳	열매문고
펴낸 이	엄유주
출판등록	2020년 2월 5일
	제446-2020-000003
주소	충북 괴산군 칠성면 둔율길
이메일	12people@naver.com
인스타그램	@myrecordbooks

© 2022 고우정

ISBN 979-11-970674-4-0 (03810)

이 책의 판권은 지은이와 열매문고에 있습니다.
저작권법에 의해 보호를 받는 저작물이므로 무단 전재와 무단 복제를 금합니다.
잘못된 책은 바꾸어 드립니다.